Manoel Marcondes Machado Neto

4 Rs
DAS RELAÇÕES PÚBLICAS PLENAS

Proposta conceitual e prática para a transparência nos negócios

2ª Edição

4 Rs das Relações Públicas Plenas - Proposta conceitual e prática para a transparência nos negócios 2ª Edição
Copyright© Editora Ciência Moderna Ltda., 2015

Todos os direitos para a língua portuguesa reservados pela EDITORA CIÊNCIA MODERNA LTDA.
De acordo com a Lei 9.610, de 19/2/1998, nenhuma parte deste livro poderá ser reproduzida, transmitida e gravada, por qualquer meio eletrônico, mecânico, por fotocópia e outros, sem a prévia autorização, por escrito, da Editora.

Editor: Paulo André P. Marques
Produção Editorial: Aline Vieira Marques
Capa: Conceito Comunicação Integrada
Diagramação: Conceito Comunicação Integrada
Assistente Editorial: Dilene Sandes Pessanha

Várias **Marcas Registradas** aparecem no decorrer deste livro. Mais do que simplesmente listar esses nomes e informar quem possui seus direitos de exploração, ou ainda imprimir os logotipos das mesmas, o editor declara estar utilizando tais nomes apenas para fins editoriais, em benefício exclusivo do dono da Marca Registrada, sem intenção de infringir as regras de sua utilização. Qualquer semelhança em nomes próprios e acontecimentos será mera coincidência.

FICHA CATALOGRÁFICA

NETO, Manoel Marcondes Machado.

4 Rs das Relações Públicas Plenas - Proposta conceitual e prática para a transparência nos negócios 2ª Edição

Rio de Janeiro: Editora Ciência Moderna Ltda., 2015.

1. Relações Públicas, 2. Marketing
I — Título

ISBN: 978-85-399-0607-9   CDD 659
                                  658.8

Editora Ciência Moderna Ltda.
R. Alice Figueiredo, 46 – Riachuelo
Rio de Janeiro, RJ – Brasil   CEP: 20.950-150
Tel: (21) 2201-6662/ Fax: (21) 2201-6896
E-MAIL: LCM@LCM.COM.BR
WWW.LCM.COM.BR

Agradeço

A Deus.

A Paulo Caringi e Edson Schettine de Aguiar, relações-públicas natos – sim, existem – que me inspiraram desde sempre e conseguiram, até, levar-me à honrosa tarefa de atuar no órgão regulador da profissão: o Sistema Conferp/Conrerp.

A Manoel Maria de Vasconcellos e Luiz Estevam Lopes Gonçalves, aos quais coube o fardo pesado de tornarem-se meus gurus e conselheiros, muito antes de isto ser apelidado de *coaching* ou *mentoring*.

A todos os meus professores da graduação no Instituto de Psicologia e Comunicação Social da UERJ, que transformaram um calouro ainda indeciso em um apaixonado pelas relações públicas.

A Margarida Kunsch, minha orientadora no doutorado da USP.

A dois profissionais da área – dentre muitos competentes que conheço –, modelos de "como fazer" relações públicas: Vera Giangrande e Herbete Barbosa de Moura.

A Alexandre Coimbra, amigo que, como costumo dizer, saiu direto de uma carreira de sucesso na Light – a primeira empresa a ter um departamento de relações públicas no Brasil – para dirigir e reestruturar o Conrerp1.

A Terezinha Santos – minha "personal" Ivy Lee –, ou seja, também jornalista de mão-cheia que passou a exercitar, e a ensinar, como se constroem boas relações públicas.

Dedico esta produção a duas mulheres especiais – e o terceiro milênio é das mulheres (os dois primeiros, entregues a homens, deram no que deram...) – Flávia Clímaco e Stella da Costa, respectivamente, esposa e mãe. Suportar-me durante "gestação e parto" dos 4 Rs exigiu paciência, confiança e alguns hectolitros de café e chá de erva-doce. Aqui e lá.

E à FAF/UERJ, minha casa desde 2009, onde posso falar sobre relações públicas para futuros gestores, e vê-las com o distanciamento necessário à presente proposta.

Manoel Marcondes Machado Neto foi eleito, em 2013, "relações-públicas do ano" pelo tradicional levantamento realizado pelo Portal "RP-Bahia", e completa 32 anos de relações públicas neste 2014, oferecendo à comunidade de negócios – e também às pessoas físicas que necessitam de divulgação – este ensaio didático-técnico para o que denominou "relações públicas plenas". Produziu vídeos relacionados à temática e edita, também, o site "www.RRPP.com.br".

Não se trata – o composto dos 4 Rs – de uma tese acadêmica, mas, sim, de uma expressão objetiva baseada na experiência do autor como executivo de empresas privadas, entes públicos e organizações da sociedade civil, sobre os reais benefícios que uma visão mais abrangente de relações públicas pode agregar. Sua proposta conceitual – um outro olhar para a área – é que caracteriza a inovação.

Atual em sua concepção, este livro traz, de fato, as relações públicas ao alcance de todos. Aliás, como o próprio autor também diz: "relações públicas 360 graus".

E continuando a ausculta atenta que dedica ao mercado e aos colegas, Manoel Marcondes Machado Neto agrega, neste livro, novas contribuições de profissionais e pesquisadores que entraram em contato sugerindo a inclusão de mais técnicas às 16 originalmente citadas no website. Num processo autêntico de construção dinâmica, estabeleceu 8 estratégias, à razão de duas para cada um dos "4 Rs" de seu composto original, enriquecendo-o ainda mais, e reforçando a ideia de uma abordagem "plena" das relações públicas. Tudo isso posto em ação para a "causa" da transparência nos negócios.

Luis Monteiro
jornalista e mestre em design gráfico
Rio de Janeiro, setembro de 2014

Relações Públicas são, mais que uma profissão e um conjunto de atividades, escolha de formação. Formação esta que privilegia a multidisciplinaridade, a visão holística da comunicação e o entendimento de que as organizações constituem-se de relacionamentos que demandam, sempre, aprimoramento e gestão. O termo "relações com"... o público interno, a imprensa, a comunidade, governos, clientes – nas três esferas –, agências reguladoras, investidores, consumidores, é denominação atual das funções que a formação em Relações Públicas sempre privilegiou com vistas à tão almejada cidadania corporativa.

Folheto Institucional Conrerp1
Rio de Janeiro, 17/05/2010

Divulgação, Governança, Transparência e Reputação. Relações Públicas como um conjunto de táticas integradas à Administração, com os objetivos de (1) aprimorar a governança corporativa de empresas privadas, órgãos estatais e organizações da sociedade civil; (2) prover a transparência efetiva desses entes pela otimização do relacionamento com seu público interno, acionistas e demais públicos de interesse; e (3) contribuir para a construção e a manutenção de uma boa reputação. O ambiente propício ao exercício pleno de relações públicas fundamenta-se em três pilares igualmente relevantes: democracia, livre iniciativa e culto à verdade dos fatos.

Manifesto Sincrético de Relações Públicas
Salvador, 28/10/2012

A outra face da medalha da Ética é a Transparência.

Manoel Marcondes Machado Neto
3º Forum Abracom de Gestão e Comunicação Corporativa, São Paulo, 09/04/2014

Prefácio, XXIII

Apresentação, XXV

PARTE I

Capítulo 1 - Antecedentes históricos e evolução, 3

Capítulo 2 - Public Issues, 15

Capítulo 3 - Stakeholders, 27

PARTE II

Capítulo 4 - Os 4 Rs das relações públicas, 35

    A gênese do composto dos 4 Rs, 44

    Detalhamento do composto dos 4 Rs, 47

        I) RECONHECIMENTO - ESTRATÉGIAS, 47
- Presença Competente na Internet, 47
- Arte Narrativa, 50
- Reconhecimento - Táticas, 51

        II) RELACIONAMENTO - ESTRATÉGIAS, 59
- Marketing Orientado ao Público Interno, 59
- Serviço de Atendimento ao Consumidor, 60
- Relacionamento - Táticas, 62
- O consumidor, 68
- A comunidade circunvizinha, 72

        III) RELEVÂNCIA - ESTRATÉGIAS, 74
- Lobbying, 74
- Marketing Social, 74
- Relevância - Táticas, 76
- "Fatia" de clientes *versus* "fatia" de mercado, 78

        IV) REPUTAÇÃO - ESTRATÉGIAS, 84
- Accountability, 84
- Memória de Empresa, 85
- Reputação - Táticas, 87
- Classificação de Públicos, 89
- Sobre fontes, 96

Considerações finais, 101
    Uma análise relevante, 105
    Desafios empresariais crescentes num planeta que se esgota, 112

Para uma conclusão, 115

Glossário, 125

Apêndices, 139
    1 - Análise de ambiente, 141
    2 - Sobre organizações, 143
    3 - Relacionamento institucional, 153
    4 - Você, ou seu negócio, bem, na imprensa, 157
    5 - O universo tridimensional das Relações Públicas, 161
    6 - Pós-graduação stricto sensu em Relações Públicas, 167
    7 - Por uma análise institucional das organizações, 175
    8 - Manifesto Sincrético Relações Públicas e Administração, 181
    9 - Transparência no Setor Público, 187
    10 - A criação do Observatório da Comunicação Institucional, nova perspectiva para as relações públicas, 203

Posfácio, 207

Referências, 209

Modo de usar

O texto corrido do livro é entremeado por seções **NOUTRAS PALAVRAS** que pretendem reforçar certos aspectos do conteúdo.

Termos marcados com este destaque estão explicados no glossário, na forma de verbetes.

Mais de 100 elementos de apoio, entre notas, referências, epígrafes, figuras e *links* completam o livro.

"Toda profissão tem um propósito moral. A Medicina tem a Saúde. O Direito tem a Justiça. Relações Públicas têm a Harmonia – a harmonia social".

Seib e Fitzpatrick
Public Relations Ethics, 1995. In SIMÕES, Roberto Porto. Informação,
inteligência e utopia: contribuições à teoria de relações públicas (2006)

"Entende-se por comunicação integrada aquela em que as diversas subáreas da comunicação atuam de forma sinérgica. Ela pressupõe uma junção da comunicação institucional, da comunicação mercadológica e da comunicação interna, que formam o composto da comunicação organizacional".

Margarida Kunsch

"A comunicação integrada consiste no conjunto articulado de esforços, ações, estratégias e produtos de comunicação, planejados e desenvolvidos por uma empresa ou entidade, com o objetivo de agregar valor à sua marca ou de consolidar a sua imagem junto a públicos específicos ou à sociedade como um todo".

Wilson Bueno

"O administrador eficaz – além de se ocupar dos aspectos mercadológicos, de produção, financeiro, de potencial humano, de pesquisa e desenvolvimento – estabelece, também, políticas, normas e programas de relações públicas (...), por saber que isso facilita as transações, é anticorpo aos problemas de relação de poder que surgem, naturalmente, entre partes envolvidas e, também, é ponto forte na competição com os concorrentes".

Roberto Porto Simões

"As relações públicas podem ser entendidas como uma função de administração estratégica dos contatos e do relacionamento entre uma organização e os diferentes públicos que a constituem ou que com ela se relacionam e interagem".

José Benedito Pinho

"Hoje, que estou *ombudsman*, representando os consumidores clientes das lojas Pão de Açúcar, tenho como dever cotejar o relato do cliente que se queixa com o relato do outro lado. E a cada dia fica mais transparente quando um dos lados escamoteia ou distorce os fatos para que estes lhe sejam mais favoráveis. Da mesma forma, preciso estar sempre alerta para, sob determinadas situações, por vezes estressantes, não pender a favor da empresa, por conhecer sua preocupação com os serviços que dispensa e os produtos que vende".

Vera Giangrande

"Vejo o profissional de relações públicas atuando como um 'coach' no sentido de que ele está apto a facilitar a vida pessoal ou profissional de um atleta, de um executivo, de um artista, não só validando, desenvolvendo e ampliando seus potenciais e conhecimentos adquiridos, como também explorando as maneiras de se apresentar em público de forma apropriada".

Lala Aranha

Prefácio

Certa vez o jesuíta Vieira desculpou-se por uma carta longa, pois não tinha tido tempo para escrever uma breve. Especialistas em comunicação sabem da dificuldade de sintetizar.

Publicitários viram noites na busca de uma palavra, de uma vírgula, de um traço ou de uma cor que traduza seu *insight*, contração primeira que levará ao parto.

Fruto da convivência profissional com o amigo, colega professor e consultor, acompanhei a concepção, maturação e esforço de entrega desta mais recente contribuição pedagógica. Isto é, não acompanhei apenas o nascimento. Fui um dos privilegiados colegas com quem o autor discutiu suas ideias.

Desde seu tormento e insatisfação com o que identificava como lacuna na bibliografia especializada, até as formas finais que esta obra toma – manual do instrutor, manual do docente, guia de pesquisa, *website* e vídeos.

Há justificativas para nossa cumplicidade e afinidade sobre o tema. Somos dos que acreditam que a educação continuada – em especial de executivos e empresários – pode beneficiar-se de formas mnemônicas associadas a contextualizações, estudos de casos e exemplos.

Assim, nada mais natural do que, ao professarmos juntos esta crença e trazê-la para nosso quotidiano de consultores, comunicador e administrador concordem na necessidade de converter ideias em instruções de ação sintética, concisa e direta. Em proposta de um valor que é detonado por harmônica combinação verbal: os "4 Rs" das relações públicas plenas.

Creio que o autor se viu desafiado a escrever em função de algumas constatações sobre o contexto educacional e profissional brasileiro em que – e sobre – o qual atua:

> A área de relações públicas, sem pleonasmo, precisa cuidar melhor da educação de gestores, de dirigentes, de empresários sobre... relações públicas. De maneira direta, a proposta é: ponha mais marketing nas relações públicas;
>
> Sem que as lideranças se conscientizem de qual é o papel das relações públicas, não é possível esperar que suas organizações bem se utilizem do ferramental disponível;
>
> Fazer, sentir, conhecer e criar andam juntos no dia a dia do gestor. Quanto mais ele compreende esta interligação, mais contribui para assegurar as relações simbióticas com seus públicos – dentre os quais se inclui o público consumidor, mas neste não se esgota.

Daqui por diante é com a leitora e o leitor avisados. Perdoem-me o prefácio longo...

Luiz Estevam Lopes Gonçalves
Administrador e mestre em Administração Pública pela EBAPE/FGV.
Gerente da Diretoria Internacional (Dint) da FGV.

Apresentação

> "Começamos a ver as responsabilidades sociais da empresa surgindo através do marketing; não como uma espécie de consciência transcendental, mas como um impositivo de seu sucesso comercial e de sua própria sobrevivência."
>
> "Quando sabemos que na empresa moderna as operações são voltadas para a clientela, verificamos que toda a sua atividade envolve um constante problema de comunicação social, quer no sentido amplo, quer no sentido mais estrito do termo, traduzido na expressão 'relações públicas'."
>
> **Manoel Maria de Vasconcellos**
> Pioneiro do marketing e das relações públicas no Brasil
> (Livro "Marketing Básico". Rio de Janeiro: Conceito Editorial, 2006).[1]

Em pleno século XXI, com a crise da indústria cultural e de toda a mídia tradicional em particular, a comunicação torna-se uma das atividades mais estratégicas – e mais urgentes – no âmbito das organizações.

Transparência é a palavra-chave. *Accountability* seu contexto.

Governos, empresas e organizações do terceiro setor buscam, como nunca, exercer sua voz e mostrar uma face distinta diante de seus públicos de interesse – os onipresentes *stakeholders* –, segmentos que, de maneira direta ou indireta, influenciam a "vida da organização".

Um "sistema solar" proposto por Philip Lesly como "Universo das Relações Públicas" é bem explicativo, e amplia a visão tradicional acerca dos "assuntos públicos" *(public affairs),* que foi a visão fundadora da aividade de relações públicas nos Estados Unidos.

---

1. "Em 1953 [...] a ONU e a Escola Brasileira de Administração Pública da Fundação Getulio Vargas inauguraram, sob a regência do professor [norte-americano] Eric Carlson, o primeiro curso regular [de relações públicas]. O referido curso foi assistido por muitos funcionários públicos do país, de outras partes da América Latina, além de empregados de sociedades de economia mista e de empresas privadas, e especialistas já conhecidos: Evaldo Simas Pereira, da CSN, Paul Nanorden Shaw, do Centro de Informações da ONU, Roberto Betis Fernandes, Monroe Mendelsohn, Orlando Silva, da SESP, Raul Lima, Tude de Souza e Manoel [Maria de] Vasconcellos". LEITE, Roberto Paula. Relações Públicas. São Paulo: José Bushatski, Editor. 1971. P. 116-117.

XXVI | 4 Rs das Relações Públicas Plenas

Fonte: LESLY, Philip (1995). P. 13.

Hoje em dia, um exercício "pleno" de relações públicas agrega práticas de comunicação muito relevantes para a governança corporativa.

Propõe-se, aqui, para organizá-las, um "composto" que totaliza 24 técnicas, divididas em 8 estratégias e 16 táticas, de que organizações e indivíduos podem lançar mão.

Este livro visa apresentar, de maneira abrangente e esquemática, as quatro grandes instâncias em que as relações públicas plenas podem interferir – para contribuir – no contexto-ambiente organizacional: **reconhecimento, relacionamento, relevância e reputação** – o composto conceitual proposto – os "**4 Rs**" – e, em cada um deles, 2 estratégias e 4 táticas com os objetivos de:

⇨ chamar a atenção de gestores interessados em uma divulgação otimizada para a utilidade e a pertinência de uma abordagem plena de relações públicas;

e

⇨ melhorar a compreensão quanto ao papel gerencial dessas relações públicas plenas para uma comunicação integrada de organizações, de marcas, de causas, ideias e de pessoas.

Participaram do trabalho que originou este livro, em colaboração com o autor[2]: **Alexandre Costa Coimbra**, bacharel em Relações Públicas pelo IPCS/UERJ, presidente do Conrerp1 (gestão 2010-2012), que foi assessor de imprensa e ouvidor da Light S. A., no Rio de Janeiro, além de docente dos cursos de Relações Públicas da UERJ, UGF e UNISUAM; **Heloiza Beatriz Cruz dos Reis**, bacharel em Relações Públicas pela UGF, mestre em Comunicação pela UERJ, conselheira do Conrerp1 e docente na Universidade Veiga de Almeida; **Luiz Estevam Lopes Gonçalves**, mestre em Administração Pública pela EBAPE/FGV, consultor de empresas nas áreas de planejamento estratégico, marketing e recursos humanos, o qual conduziu o 1o. Seminário Interno do Conrerp1, em 2010; **Renato Möller**, conselheiro do Conrerp1, doutor em Psicologia Social pela UERJ e mestre em Administração Pública pela FGV/RJ, coordenador dos cursos de Comunicação e de Administração da Faculdade Salesiana Maria Auxiliadora (FSMA), em Macaé (RJ); e **Marcelo Luiz Ficher**, bacharel em Relações Públicas pela FCS/UERJ, mestre em Educação pela UFF, e presidente da Comissão de Fiscalização do Conrerp1, docente do curso de pós-graduação em Administração de Marketing e Comunicação Empresarial da Universidade Veiga de Almeida, ex-professor dos cursos de Relações Públicas da UERJ e UGF e que testou – em sala de aula – o composto dos "4 Rs" das Relações Públicas Plenas nas suas turmas dos cursos de Administração e Comunicação da FSMA, ao longo de 2011.

---

2. Este ensaio foi concebido como resultado das discussões havidas no âmbito das Comissões Acadêmico-Científica e de Fiscalização do Conselho Regional de Profissionais de Relações Públicas do estado do Rio de Janeiro (Conrerp1), durante o triênio 2010 - 2012. E foi objeto de ampliação em 2013 e 2014.

O composto ora apresentado quer contribuir para incrementar a aplicação das táticas de relações públicas pelas organizações brasileiras, de todos os ramos de atividade e todos os portes de empreendimento (há uma falsa ideia de que relações públicas são privilégio apenas de grandes corporações), apresentando uma visão abrangente da área aos diversos segmentos do mercado e, importante, a outros perfis de formação profissional – que são, em última instância –, potenciais contratadores dos serviços de relações públicas.

A área de Relações Públicas, academicamente, tem crescido e se desenvolvido, acompanhando a constatação, pelas organizações, de que uma comunicação mais efetiva é parte indissociável da gestão, da sua necessária transparência, da atração dos melhores talentos e da manutenção de um clima organizacional positivo.

No tempo em que, também no Brasil, normas universalmente aceitas de reporte contábil-financeiro (IFRS)[3] entram em vigor no âmbito das sociedades anônimas abertas inscritas em bolsas de valores, e eleva-se a demanda por transparência ao mais alto grau da escala da governança corporativa[4], é oportuno trazer à reflexão de administradores, *controllers* e executivos em geral, um enfoque de relações públicas tal qual proposto por Manoel Maria de Vasconcellos (*vide* epígrafe no início desta Apresentação) – como um sinônimo de comunicação social – e que pode ser compreendida, é nossa intenção, como uma prática "plena" de relações públicas.

A seguir, um diagrama baseado na obra "Governança de Tecnologia da Informação", de Jeanne Ross e Peter Weill, bem ilustra o posicionamento de uma gerência – neste caso, de T. I. – e sua relação com os diversos "ativos" envolvidos num processo "clássico" de governança corporativa.

---

[3]. IFRS - International Finance Reporting Standards, em pleno vigor no mundo todo a partir de 2010. MOURAD, Nabil Ahmad e PARASKEVOPOULOS, Alexandre. In: IFRS. Introdução às normas internacionais de contabilidade. São Paulo: Atlas. 2010.
[4]. *"Transparency attracts the customers, suppliers, and investors who are right for you and discourages those who are not"*. In Low, Jonathan e Kalafut, Pam K. Invisible Advantage: from innovation to reputation – how intangibles are driving human performance. Perseus Publishing: Cambridge. 2002.

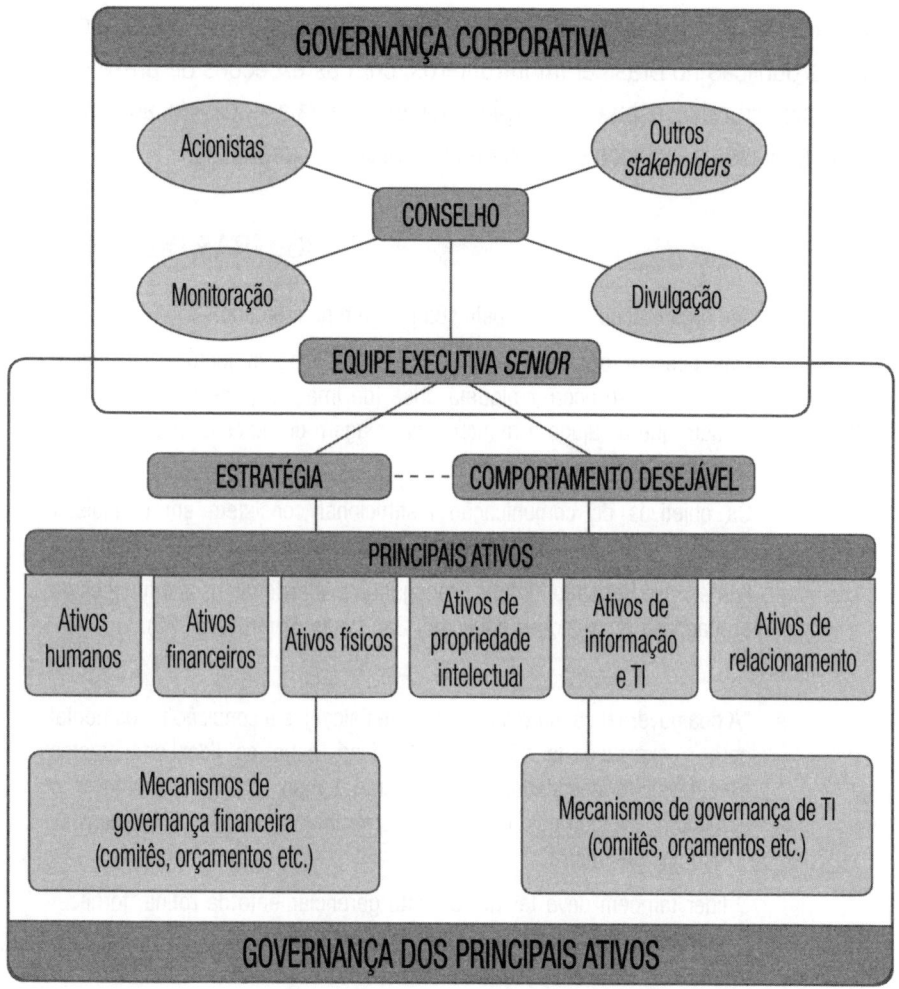

Fonte: WEILL e ROSS (2006) P. 6.

Em países de economia estável, como é o caso do Brasil atual, praticar – boas – relações públicas constitui uma demanda irrecorrível das organizações, parecendo haver direta correlação entre o grau de fortalecimento da Economia e o grau de aprofundamento de sua aplicação estratégica. Sem um ambiente civilizatório que conjugue democracia, livre iniciativa, ética e transparência (compromisso com a verdade dos fatos), não é possível praticar saudáveis relações públicas.

Até cerca de 20 anos atrás, os esforços para aplicação plena das práticas de relações públicas no Brasil eram infrutíferos, com as exceções de praxe – multinacionais, grandes estatais e órgãos governamentais – devido ao ambiente instável e avesso a avanços e inovações nas práticas gerenciais.

NOUTRAS PALAVRAS

"As organizações prezam pela sua imagem no mercado.

Elas buscam preservar e consolidar sua imagem junto a clientes e parceiros e, se ocorrer alguma crise [de imagem pública] precisam de alguém que as ajude a manter uma imagem de respeito intacta junto à imprensa.

Os objetivos da comunicação institucional consistem em conquistar espaço, manter credibilidade e aceitação de produtos e ações".

Fonte: José Benedito Pinho ("Propaganda Institucional: usos e funções da propaganda em relações públicas". São Paulo: Summus, 1990).

"A boa governança, na visão de Vicente Falconi, é a condição fundamental para o exercício da liderança. Por isso, cabe ao líder criar metas executáveis e desafiadoras. Ao mesmo tempo, ele deve promover o domínio do método pela equipe com crescimento constante nas técnicas e recursos de análise.

O líder também deve ter um perfeito gerenciamento da rotina, fornecer treinamento, inspirar as pessoas para sonhar grande, fazer *coaching*, promover a meritocracia, entre outros pontos. Resumidamente, liderar, na opinião do consultor, é "bater metas através da equipe fazendo o certo".

O executivo defende que alcançar os objetivos de forma ética e entusiasmada, sem ferir outras pessoas, também é o caminho para executar uma boa liderança.

Sendo assim, a liderança envolve método, pois está relacionada a atingir metas; abrange cultura e recursos, porque requer o uso de todos os recursos humanos de forma eficiente e tomada de decisões baseadas em fatos e dados". Fonte: Portal HSM, acessado em 14/01/2011.

PARTE I

CAPÍTULO 1

Antecedentes históricos e evolução

É sempre oportuno mencionar que na virada dos anos 1960/1970[5], houve farta discussão sobre qual deveria ser o *locus* acadêmico mais adequado para as relações públicas. Na "disputa", à época, estavam as áreas de Administração e de Comunicação Social.

A então recém-criada área de Comunicação Social (1967), absorveu formalmente a nova área de relações públicas, e suas escolas lançaram-se às missões de formação acadêmica e de reflexão intelectual para aqueles que escolhiam o campo da comunicação, mas não queriam seguir o caminho do jornalismo ou o da propaganda – suas vertentes mais fortes e consagradas desde sempre.

Passadas mais de quatro décadas daquele momento, o que testemunhamos? Uma transição nos negócios; do modelo meramente "vendedor", centrado no produto, para uma exacerbação do modelo "mercadológico", centrado no consumidor – o chamado *marketing concept*, ("espírito de marketing", na tradução de Manoel Maria de Vasconcellos), ou seja, "produzir o que vende ao invés de vender o que se produz"[6]. Hoje, empresas ou governos nada mais podem impor.

E tal espírito de marketing, por sua vez, constitui-se, também, como um **modo de relacionamento** (McKENNA, 1997), principalmente no que toca aos novos comportamentos de consumo e à obtenção de "lealdade à marca" – permanente desafio não só para fabricantes de produtos e prestadores de serviços, como também para ativistas por uma ideia, defensores de uma causa ou assessores de partidos políticos.

---

5. Na década de 1970, as duas áreas estiveram confrontadas na realização da XI Conferência Interamericana de Relações Públicas (1973), quando a Delegação Brasileira apresentou uma tese do Prof. Caio Amaral com a sugestão de que o ensino de relações públicas fosse ministrado nas Escolas de Administração. O assunto era bastante controvertido, pois o Governo Brasileiro já havia decidido que o ensino de relações públicas ficaria inserido no âmbito da Comunicação Social, nos termos da Resolução 11, de 06/08/1969, após brilhante parecer do Prof. Celso Kelly, abrangendo também o ensino de Jornalismo, de Publicidade & Propaganda e de Editoração, estabelecendo a polivalência do diploma de Bacharel em Comunicação Social.
6. VASCONCELLOS, Manoel Maria de. Marketing básico. Rio de Janeiro: Conceito Editorial. 2006. P. 59.

Para Philip Kotler, autor de referência em marketing, a comunicação assume, cada vez mais, papel de protagonista no ambiente de negócios. Nas próprias palavras de Kotler, "as empresas também devem comunicar-se com seus consumidores atuais e potenciais. Inevitavelmente, qualquer empresa exerce o papel de comunicadora ou promotora"[7].

E na edição do milênio de seu "Marketing Management", Kotler enfatiza: "muitas empresas agora desejam que seus departamentos de relações públicas gerenciem todas as suas atividades tendo em vista o marketing da empresa e a melhoria do trabalho de base. Algumas empresas estão criando unidades especiais chamadas 'relações públicas de marketing' para apoiar diretamente a promoção de produtos e, ainda, a promoção da imagem da empresa" (2000).

Porém, cada vez mais, a cultura de um marketing como função especializada, departamentalizada, vem desaparecendo, bem como nomenclatura e enunciado nas empresas – pois que já absolutamente incorporado às operações. A cultura de marketing vem sendo substituída por uma cultura de *branding*, ou seja, do gerenciamento de marca.

O fato é que ao longo da última década, as marcas passaram – mais e mais – a incorporar um forte componente discursivo e simbólico, independente até das empresas-mãe, chegando a limites para além da fidelidade –, como os de uma paixão e, até, os de uma espécie de "adoração", como a que cerca, por exemplo, as marcas Harley-Davidson e Apple.

É como se a marca de um produto ganhasse "alforria" de seu fabricante, usufruindo de prestígio autônomo. A dificuldade adicional da gerência de produtos seria manter a ligação entre marcas – como Ariel, Crest e Gillette – e seu fabricante, no caso, a Procter & Gamble. Ou, no caso da Unilever, não deixar perder-se a noção de que são da empresa marcas como Dove, Kibon e Lipton.

Marcas passaram a ter um "valor de mercado" descolado da realidade contábil.

---

7. KOTLER, Philip. Administração de marketing. 4a.edição. São Paulo: Atlas. 1996. P. 513.

Mas há problemas na conexão entre marketing e relações públicas. Segundo Russell Lawson[8],

> "Relações públicas são, provavelmente, o lado mais incompreendido do marketing. Elas sofrem com a imagem de ser um punhado de 'pseudo-técnicas' que mal encobrem más organizações, empresariais ou públicas. Não há muitas pessoas que argumentam contra a necessidade de promover os seus negócios sob uma perspectiva positiva [que é o que as relações públicas fazem], mas ao mesmo tempo olham para as relações públicas como um luxo absolutamente desnecessário e caro, razão pela qual só as grandes empresas podem pagar".

Já para Marcelo Ficher[9],

> "As relações públicas surgem e se consolidam, na prática, pulverizadas em setores diversos, com vários nomes, utilizadas por profissionais com formações variadas. Como campo de conhecimento, constituem saber fragmentado, imerso em polêmicas e múltiplas definições. Assim se generalizam e se tornam praticamente invisíveis. Em nosso entendimento, aí reside sua força a serviço do capital. Quando confrontadas com as categorias do materialismo histórico, quando tratadas como um discurso histórico, é que se pode enxergar a importância que as filosofias, teorias e técnicas das relações públicas tiveram na formação do capitalismo. Por isso, afirmamos a importância da desfragmentação interna da área como forma de fortalecê-la. Hoje, as relações públicas sobrevivem e se alimentam do discurso subcutâneo, do implícito adjacente a cada ação desenvolvida como se fosse a única. Nas empresas capitalistas, carregam o discurso do capitalismo e não importa se o fazem na forma de projetos educacionais, projetos culturais etc., da

---

8. LAWSON, Russell. The public relations buzz factor. London: Kogan Page. 2006. P. 5.
9. FICHER, Marcelo Luiz. Relações públicas, educação e mundo do trabalho: reflexões teóricas e perspectivas de atuação. Dissertação de mestrado aprovada pela Faculdade de Educação da Universidade Federal Fluminense, sob a orientação da Profa. Dra. Lia Tiriba. Rio de Janeiro, 2006. P. 181.

maior relevância para determinados segmentos aos quais se dirige. É preciso transformá-las. É a partir da prática em organizações que não tenham finalidade lucrativa que surgirá uma nova dimensão das relações públicas.

Área irmã dentre as Ciências Sociais aplicadas, a Administração, no passado, já desempenhou papel de matriz da profissão de relações-públicas em seu surgimento no Brasil[10].

Vários autores do campo da Administração já deram ênfase à importância da comunicação interna, da comunicação institucional, da comunicação mercadológica e, mesmo que indiretamente, ajudaram a formar este perfil profissional que hoje emerge de 107 cursos regulares de Relações Públicas no país.

Com as novas diretrizes curriculares nacionais para o bacharelado em Relações Públicas, expedidas em setembro de 2013 pelo MEC, surge a possibilidade de que Instituições de Ensino Superior da área de negócios interessem-se pela criação de novos cursos de Relações Públicas.

Esta é uma possibilidade real e uma aposta nossa. *Vide* apêndice "Manifesto Sincrético Relações Públicas e Administração".

O fim do conceito "guarda-chuva" da Comunicação Social e a independência concedida para a criação de cursos autônomos de Jornalismo e de Relações Públicas – preconizadas pelas novas diretrizes – ensejam tal leitura e interpretação, devolvendo às Relações Públicas uma possibilidade de ensino, formação e pesquisa mais condizente com a aplicação de seus conhecimentos técnicos pelas organizações, em atividades tão díspares quanto relações internas, relacionamento com o consumidor, relacionamento com a imprensa, a comunidade, relações governamentais, com investidores etc.

---

10. Maria Stella Thomazi, que exerceu com grande brilho todas as funções diretivas da Associação Brasileira de Relações Públicas, em sua dissertação de mestrado, ao analisar a questão "Administração VERSUS Comunicação Social", lembra que, até 1968, os profissionais de relações públicas registravam-se no Conselho Regional de Técnicos de Administração (CRTA), nos termos da Lei 4.769 de 09/09/1965. (In MACHADO NETO, 2008).

CAPÍTULO 1 - Antecedentes históricos e evolução | 9

NOUTRAS PALAVRAS

A prática de relações públicas tem mais de cem anos no Brasil, completados em 30 de janeiro de 2014. Seu pioneiro, o engenheiro alagoano Eduardo Pinheiro Lobo (1876-1933), inaugurou naquela data e chefiou por anos o primeiro departamento de relações públicas no país, na empresa canadense The São Paulo Tramway, Light and Power Company.

Faz-se importante apresentar um histórico para mostrar o cenário em que a atividade nasceu e se desenvolveu.

Como observa José Roberto Whitaker Penteado Filho

> [...] à medida em que se consolidava o novo poder da ==opinião pública==, iam-se caracterizando as Relações Públicas no âmbito das empresas – uma forma de reconhecimento declarado do respeito que essas mesmas empresas passavam a dispensar àquela opinião pública por tantos anos ignorada.

A criação da atividade

O ex-jornalista estadunidense Ivy Lee começou a assessorar empresas na "produção de informações" em 1906. Afirmava "não produzimos anúncios". Assim teve início a atividade profissional de relações-públicas.

Era exercida como uma divulgação por parte das organizações, em seu interesse, o que dava margem a uma possível maquiagem dos fatos, como aconteceu no caso do trabalho de Lee, que, em 1920, prestou assessoria ao empresário John Rockefeller, uma odiada figura que, para montar seu império, lançou mão de toda sorte de crimes, da corrupção ao assassinato.

Em uma das greves de sua mineradora, Rockefeller ordenou que atirassem nos grevistas, causando comoção na sociedade. Neste momento, Lee, como conta Roberto de Castro Neves (1998):

> [...] abriu as portas da organização para a imprensa e admitiu o diálogo com os líderes da comunidade e do governo. [...] Como parte da estratégia, foram erguidas fundações filantrópicas, centros de pesquisa, universidades, hospitais, museus e concedidas bolsas de estudo. Antes reclusa em suas mansões, afastada do povão, a família começou a aparecer jogando golfe, indo à missa, festejando o Natal.

Vale ressaltar que esta aceitação do diálogo tinha por objetivo informar somente, em momentos oportunos, o que fosse conveniente às empresas de Rockefeller.

Com tais ações, Lee humanizou a figura do magnata perante a opinião pública. E com o lema "o público deve ser informado", Lee é considerado precursor da profissão de relações-públicas, surgindo com a proposta de informar a opinião pública.

Relações públicas no Brasil

No Brasil, o pioneirismo da empresa canadense de eletricidade *The São Paulo Tramway Light and Power Co.* (Depois Light - Serviços de Eletricidade, hoje Eletropaulo) cria, em 30 de janeiro de 1914, o primeiro departamento de Relações Públicas do país, um setor para tratar das "relações da companhia com usuários e autoridades".

Na década de 1950, durante o grande impulso industrializador no país, as empresas multinacionais trazem para o Brasil uma cultura de valorização da comunicação; os veículos de comunicação avançam; e aparecem os primeiros institutos de pesquisa de opinião.

A partir de então, passou-se a exigir maior preparo dos profissionais, o que fez com que a atividade de relações públicas também se aperfeiçoasse.

Em 1951, a Companhia Siderúrgica Nacional estabelece o primeiro departamento de Relações Públicas genuinamente nacional e, em 1954, é fundada a Associação Brasileira de Relações Públicas (ABRP), época em que a atividade profissionalizou-se e buscou fundamentação teórica.

No ano de 1967, é promulgada a Lei 5.377, que regulamentou o exercício da profissão de relações-públicas. Foram criadas, então, algumas faculdades de Comunicação Social e, nelas, a habilitação profissional em Relações Públicas, especialidade cuja procura intensificou-se na década de 1970.

Hoje, no Brasil, mais de cem instituições de ensino superior ministram cursos regulares de graduação tradicional (4 anos de formação, em média) na área.

E, por força de novas diretrizes curriculares nacionais, a serem implementadas até o final de 2015, o curso de Relações Públicas passa a ser, assim como o de Jornalismo, um curso independente e autônomo.

> Extingue-se a filosofia de ramos profissionais de um campo (tronco) comum, passando-se a uma de autonomia acadêmico-científica – visão, aliás, nada consonante com o universo do trabalho e do mercado-fim, que cada vez mais demanda um "especialista em comunicação, 360 graus".

DA VISÃO DE MARKETING PARA UMA OUTRA, DE RELAÇÕES PÚBLICAS

Migrando da noção de meros segmentos de consumo para a de públicos de interesse – uma mudança radical de visão nas organizações, típica deste terceiro milênio –, o que vemos é o despertar, pelo menos no nível do discurso, no meio empresarial, de uma visão "mais humana", "mais consciente" em termos de uso de recursos naturais e humanos, e na direção "de um melhor lugar para se trabalhar".

Há até, em certos *think tanks*, como por exemplo, o britânico NIESR (National Institute for Economic and Social Research), uma ideia nascente de "crescimento zero", como alternativa de sustentabilidade planetária – visão de mundo que deve ampliar-se mais e mais no futuro.

Voltando ao momento presente; a partir do pensamento de Peter Drucker, "marketing é muito mais que venda ou propaganda – é o negócio todo visto do ponto de vista do cliente – não é um mero departamento, e sua visão deve perpassar toda a organização", desenvolveu-se uma concepção de marketing como sinônimo de *business development*, ou seja, de **desenvolvimento de negócios**.

De fato, da pesquisa de mercado aos serviços de pós-venda, do *design* de produto ao *recall* de vendas, da logística integrada ao atendimento à clientela, faz-se marketing. Muito mais uma visão de desenvolvimento permanente dos negócios do que uma visão só comercial ou só de propaganda.

No exercício de funções gerenciais, em diversos contextos, tanto na esfera institucional pública como na esfera privada, observa-se, hoje, no bojo do discurso de marketing, a adoção do conceito abrangente de comunicação integrada – para além da simplista visão de "públicos-alvo" de produtos e serviços, numa aproximação à terminologia típica da área de relações públicas, com ênfase nas demandas de transparência, de conduta ética, e de respeito à opinião pública, sob a égide de uma cidadania corporativa e de uma responsabilidade socioambiental.

NOUTRAS PALAVRAS

"Entende-se por comunicação integrada aquela em que as diversas subáreas da comunicação atuam de forma sinérgica. Ela pressupõe uma junção da comunicação institucional, da comunicação mercadológica e da comunicação interna, que foram o composto da comunicação organizacional.

Este deve formar um conjunto harmonioso, apesar das diferenças e das especificidades de cada setor e dos respectivos subsetores. A soma de todas as atividades redundará na eficácia da comunicação nas organizações". Margarida Kunsch (in Doutrina RP - http://wwwrrpp.wix.com/doutrina-rp).

"A comunicação integrada consiste no conjunto articulado de esforços, ações, estratégias e produtos de comunicação, planejados e desenvolvidos por uma empresa ou entidade, com o objetivo de agregar valor à sua marca ou de consolidar a sua imagem junto a públicos específicos ou à sociedade como um todo". Wilson Bueno (in Doutrina RP - http://wwwrrpp.wix.com/doutrina-rp).

E, ainda, há, na atualidade, grande interseção e convergências entre as funções de relações públicas e marketing[11], como se pode verificar no quadro comparativo a seguir, concebido pelo autor durante seminário na ECA/USP, no curso da disciplina do programa de doutorado intitulada "Relações Públicas no contexto das organizações complexas", ministrada pela Profa. Dra. Margarida M. K. Kunsch:

---

11. MACHADO NETO, M. Marcondes. Relações públicas e marketing: convergências entre comunicação e administração. Rio de Janeiro: Conceito Editorial, 2008, p. 99.

QUADRO COMPARATIVO
MARKETING E RELAÇÕES PÚBLICAS

	MARKETING	RELAÇÕES PÚBLICAS
SURGIMENTO	Século XX	Século XX
ATIVIDADE	Técnica	Técnica
PRIMADO	Escoamento da produção	Ouvidoria
CAMPO	Administração	Comunicação
ORIGENS: acadêmica político-econômica histórica	Escolas de Comércio Mercantilismo 2ª. Rev. Industrial (século XX)	Escolas de Jornalismo Direito Diplomacia (século XX)
PRINCIPAIS INTERESSES	Vendas e Lucro Financeiro	*Goodwill* e Lucro Social
OBJETO	Produtos/Serviços	Organizações
PARÂMETROS	Oferta e Demanda Distribuição Propaganda	Ética e Valores Morais Divulgação Opinião Pública
ALVOS: alto perfil médio perfil baixo perfil	Mercado Massivo Segmentos de Mercado Nichos ou Fragmentos	Público em geral *Stakeholders* / Formadores de Opinião Públicos de interesse
LINGUAGEM	Persuasiva Emocional Subjetiva Adjetiva	Informativa Racional Objetiva Aproximativa
INSTRUMENTOS	Desenvolvimento de produtos Logística *Merchandising* Meios de Comunicação de massa Redes	Filosofia organizacional Análise de Ambiente Social Eventos Meios de Comunicação dirigida Redes
PRESENTE	*Database* Marketing Marketing de Permissão	*Ombudsman* Defesa do Consumidor
FUTURO	Marketing Viral *One-to-one* Marketing	ONGs Pessoas Físicas

© copyright by Manoel Marcondes Machado Neto

CAPÍTULO 2

Public Issues

Al Ries, no livro "A queda da propaganda e a ascensão da mídia espontânea" (com Laura Ries, em 2002)[12], afirma que "o marketing entrou na era das relações públicas", e também que "no futuro, podemos prever o crescimento explosivo do setor de Relações Públicas". Descontado o tom apologético, a realidade parece confirmar suas previsões, talvez não mais como um setor específico, mas como um conjunto de práticas adotadas sob a filosofia de obter-se mais "visibilidade", "ocupar mais espaço" na sociedade.

É um fenômeno análogo ao que relata Mitsuru Yanaze em seu alentado artigo "Esqueça o marketing" (originalmente publicado na "Líbero", revista acadêmica da pós-graduação da Faculdade de Comunicação Social Cásper Líbero, São Paulo, v. 3, n. 5, p. 88-92)[13], em que o pesquisador provoca-nos com a seguinte lógica:

"Se o marketing está em tudo, se tudo é marketing, esqueça-o".

Ora, de fato, se hoje o conceito de marketing já está "impresso no DNA" de todas as empresas, produtos, serviços, ideias, plataformas político-eleitorais, causas e ações de marketing social, cultural, esportivo e ambiental, ele , praticamente, desaparece. É o mesmo fenômeno que acometeu o conceito de "qualidade total". Adotado maciçamente na prática, deixou de ganhar destaque no discurso empresarial.

---

12. Al Ries, co-autor do célebre "Positioning" (1972), com Jack Trout, é um dos estrategistas de marketing e relações públicas mais conhecidos do mundo, e trabalha em inúmeras empresas incluídas na lista das 500 maiores da revista Fortune. Mais em www.ries.com.
13. Acessado em 25/03/2014 em http://www.portal-rp.com.br/bibliotecavirtual/outrasareas/marketing01/0114.htm).

Já pregara, aliás, Peter Drucker, pioneiramente, que marketing "não é um departamento", mas, antes, uma filosofia que deve perpassar toda a organização. É um outro *approach*, certo, mas que nos faz pensar a respeito.

Há hoje, no mundo, e felizmente também no Brasil, uma tendência à melhor compreensão dos benefícios mercadológicos advindos da atividade de relações públicas.

Ao lado da publicidade comercial, eleva-se o patamar de importância da chamada "mídia espontânea", obtida por meio de técnicas de relações públicas.

E isto, não apenas pelas empresas e organizações públicas e do terceiro setor, mas pelos indivíduos, seja pessoal como coletivamente, em movimentos sociais ainda fora do contexto de "organizações".

Ao mesmo tempo, as relações públicas também viraram objeto de desejo. Toda a questão da "imagem de si", que sempre nos serviu à consciência íntima, agora também é "um produto" que precisa ser orientado ao marketing.

O sujeito real tem uma versão preparada para "consumo externo", um sujeito virtual, um "avatar" disponível para as ocasiões com mais chances de sucesso e de acolhimento na sociedade, o qual pode ser objeto de ações estratégicas de reconhecimento público.

Como os códigos e os processos são homogeneizados pelo mercado, na prática estamos aprendendo, com as empresas, a comportar-nos como "objetos de consumo".

Não é novidade o capitalismo tratar o ser humano como mercadoria, mas é novidade que desejemos "ser" mercadorias. Cada vez "melhores" e construídas "tecnicamente" em torno de uma boa imagem pública.

Com as redes sociais, então, um novo fenômeno veio para ficar: as pessoas e as organizações querem **relacionar-se**... e... **publicamente**!

Constata-se, então, que uma formação em relações públicas é algo absolutamente "antenado" com os rumos que as demandas de indivíduos e da vida social vêm tomando.

TRANSPARÊNCIA: DEMANDA QUE VEIO PARA FICAR

Uma das mudanças mais contundentes enfrentadas pelas empresas na virada para o terceiro milênio foi, e ainda é, a demanda por transparência, advinda de falências imprevisíveis que abalaram o mercado de capitais, globalmente.

Desde a crise que envolveu Enron e WorldCom, gerando a Lei Sarbannes-Oxley, em 2002, nos Estados Unidos, o termo public company não mais quer designar organizações estatais.

Antes que significar aquelas organizações que lançam ações em bolsas de valores (vide verbete IPO), então obrigadas a prestar satisfações públicas a acionistas, investidores e autoridades, bem como à sociedade em geral, nos países mais desenvolvidos[14].

A outra grande mudança diz respeito à expansão da T. I. (Tecnologia da Informação) que se seguiu ao *bug* do milênio e ao fenômeno que ficou conhecido como "bolha da internet".

Por último, o crescimento exponencial da internet. A *World Wide Web* fez surgir novos tipos de negócios (Yahoo, Google, YouTube, redes sociais, Blogger, Twitter).

---

14. O principal objetivo das demonstrações contábeis é fornecer informações sobre desempenho de uma organização e alterações na sua posição financeira e patrimonial. As demonstrações contábeis (obrigatórias, por lei, para as S. A. - Sociedades Anônimas) são úteis para uma vasta gama de usuários na tomada de decisões e demonstram resultados e eficácia da gestão.

Tais fatos, combinados, mudaram a face e o modo de ser das empresas, de governos e, principalmente, das organizações da sociedade civil, que passaram a deter meios próprios para exercer o papel de emissores, numa inversão total do tradicional Modelo de Comunicação[15], o qual vemos a seguir:

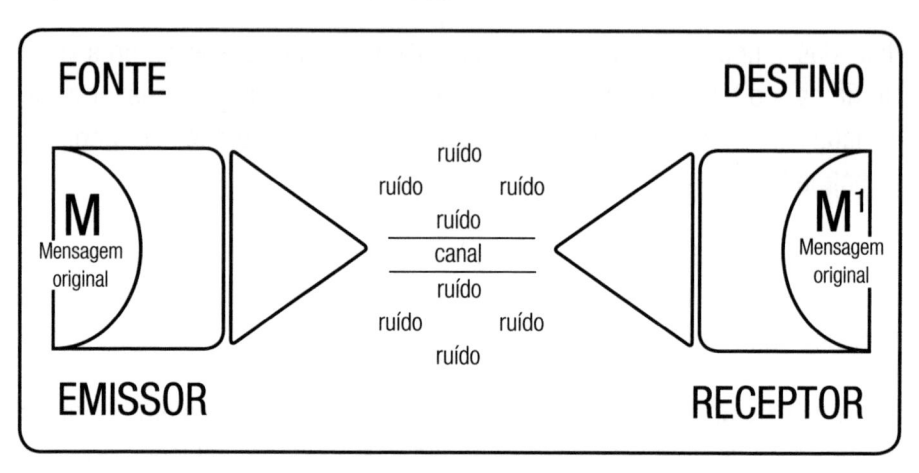

```
FONTE                                              DESTINO
                    ruído
              ruído       ruído
    M               ruído                    M¹
 Mensagem           canal                  Mensagem
 original           ruído                   original
              ruído       ruído
                    ruído
EMISSOR                                           RECEPTOR
```

Diversos autores representaram, entre as décadas de 1940 e 1960, o Modelo de Comunicação com os cinco componentes básicos representados na figura; emissor, receptor, meio, canal (ou suporte), mensagem e ruído.

Alguns acrescentaram mais elementos, tais como Códigos, Modulação-Demodulação (operação-origem do termo MODEM) e Repertórios.

Estudiosos como Umberto Eco e Tullio de Mauro, autores do diagrama acima, Harold Lasswell, Wilbur Schramm e Charles Osgood, produziram modelos teóricos os quais, todos, coincidiam num ponto: representavam "processos".

David K. Berlo, aliás, apresentava a "comunicação como um processo", cabalmente, em sua obra "O processo da comunicação", e cumprindo as

---

15. MACHADO NETO, Manoel. Marcondes. Relações públicas e marketing: convergências entre comunicação e administração. Rio de Janeiro: Conceito Editorial. 2008. P.141.

seguintes quatro funções precípuas, "uma por vez" ou combinadamente: informar, educar, divertir e persuadir.

Claude Shannon e Warren Weaver, engenheiros da AT&T, foram, por sua vez, os criadores – nos antológicos Bell Laboratories – da unidade binária "bit", de *binary digit*, "linguagem de zeros e uns", na tentativa, muito bem sucedida de "quantificar" a comunicação/informação.

E criaram uma Teoria Matemática da Comunicação.

Os processos comunicacionais são, todos, "cibernéticos"; ou seja, estão baseados na existência de *INPUTS*, um sistema ou operação *(THROUGHPUT)*, e *OUTPUTS* - modo de "funcionamento" de todos os sistemas; sejam eles vivos (o que fora codificado por Ludwig von Bertalanffy, em sua Teoria Geral de Sistemas), ou mecânicos – dando origem à disciplina Cibernética, de Norbert Wiener, concluída em 1948, como um "estudo do *feedback* no animal e na máquina".

Os segmentos tradicionais de **emissores** e **receptores**, antes estáticos, passaram a intercambiar suas posições e, além disso, componentes-parte, tradicionalmente, do segmento **meio**, também passaram a atuar, ora como emissores (**meio-emissores**), ora como receptores (**meio-receptores**), num contexto dominado pela lógica de negócios, transações, trocas econômicas.

E – importante – a entropia (ou caos) permeia todo o ambiente. Ou seja, os elementos do sistema comunicacional não "flutuam" num "nada".

Esta releitura foi fruto de pesquisa feita na disciplina "Comunicação e Teoria Geral de Sistemas", entre 1992 e 1994, na graduação em Comunicação da UFRJ, na qual o autor atuou como docente substituto do Professor Francisco Antônio Dória.

Um total de 407 alunos respondeu à pergunta "Em qual segmento do Modelo de Comunicação você se posiciona no mercado de trabalho?".

Resultante da análise levada a cabo na UFRJ, esta releitura do Modelo de Comunicação foi objeto do *design* de Luis Monteiro – uma animação –, de onde extraiu-se a imagem a seguir.

A figura esférica a seguir representa o Modelo de Comunicação, em releitura.

Um sistema supostamente em movimento constante, o qual procura denotar a dinâmica das posições EMISSOR-RECEPTOR sempre intercambiantes – e sempre sob o risco ambiente de um – potencial, possível – ruído, entropia, caos[16]:

Releitura do Modelo de Comunicação
Concepção visual: Luis Monteiro

---

16. MACHADO NETO, Manoel Marcondes. Uma releitura do modelo de comunicação: um relato de pesquisa. In Revista LOGOS: Comunicação & Universidade, Ano II, Nº. 3, 2º. Sem. 1995. FCS/UERJ.

A concepção desta figura tem uma gênese "cinematográfica". Com os recursos computacionais disponíveis na ocasião do estudo original (1992-1994), pelo menos aqueles ao alcance dos cursos e professores de Comunicação, dever-se-ía recorrer a um estúdio de cinema de animação. As planilhas e ferramentas bidimensionais não davam conta. Faltavam *software* e *peopleware*. Tal tarefa coube, com êxito, à Conceito Comunicação Integrada, a quem devemos agradecimentos.

NOUTRAS PALAVRAS

A partir de propostas consagradas, como as de Umberto Eco ou a de Claude Shannon, elaboramos uma **releitura do modelo de comunicação**.

Introduzimos os conceitos de **emissor-receptor** e **receptor-emissor**, uma vez que, com o advento da internet, praticamente todos nós, pessoas físicas e jurídicas, tanto "antigos" emissores quanto "antigos" receptores, têm agora a possibilidade de, criando seus próprios "veículos" (*blogs, sites*), comunicar-se integralmente (isto é, não só "receber", mas também "falar" e responder e, portanto, estabelecer um diálogo).

Toda essa nova realidade se dá em virtude da capacidade de produção e difusão de conteúdos adquirida pelas organizações (e pelas pessoas físicas) com a popularização da telemática. Desse modo, cada entidade individual:

- deixa de ser apenas um RECEPTOR passivo dos meios de comunicação de massa – ambiente em que se dão as emissões que atingem grandes contingentes de audiência, como televisão aberta, rádio, jornais e revistas não especializados e de grande circulação, que ainda são muito monologais;

- e pode ser, também, EMISSOR. De acordo com os conceitos que acabamos de tratar, observe a figura da página anterior e analise-a.

Releitura

Admitindo a existência de organizações/indivíduos MEIO-EMISSORES e MEIO-RECEPTORES, propusemos também uma divisão no segmento MEIO, uma vez que há certos tipos de empresas/instituições que emitem e "receptam" informação. É o caso das agências: de notícias, de relações públicas e de propaganda.

Com a internet, praticamente deixa de existir o conceito tradicional (puro) de mero RECEPTOR. Toda e qualquer entidade, ou mesmo pessoa física, passa a poder comunicar-se amplamente no âmbito da *world wide web (www)*, acessar informações disponíveis em bases de dados, nos *sites* etc.

Nesse contexto, publicitários, relações-públicas ou jornalistas, entre outros perfis, atuando em organizações públicas ou privadas (excluindo jornais e agências de relações públicas e de propaganda, obviamente), precisam situar-se no "ecossistema" (termo oriundo das ciências biológicas que significa o conjunto de organismos que convivem em interação, harmonicamente, em um determinado ambiente) em que sua organização está e atua.

Tal posicionamento permite que todos se relacionem com terceiros, conhecendo a perspectiva própria de cada um, antecipando demandas, prevenindo problemas potenciais e estabelecendo "comunicação" entre si.

Assim, em plena era digital, os profissionais de comunicação utilizam as informações disponíveis na rede (*web*) para melhor conhecer as características de sua clientela e, também, diferentes ferramentas disponíveis na rede para atingi-la.

RESUMO DAS PROPOSTAS DE RELEITURA DO MODELO DE COMUNICAÇÃO

⇢ A proposição do componente híbrido **meio-emissor** representado por organizações que constituem-se meio e emissores ao mesmo tempo, tais como agências de notícias, assessorias de comunicação, produtoras independentes e *software houses*;

⇢ A proposição do componente híbrido **meio-receptor**. Entes que, igualmente, acumulam os dois papéis, tais como: institutos de pesquisa de opinião e de mercado, aparatos estatísticos locais, regionais e mundiais, e as redes telemáticas públicas e privadas;

⇨ Uma ênfase no fato de que os segmentos do Modelo de Comunicação não "flutuam" num "nada", mas sim num ambiente entrópico, de caos, por natureza, onde fica cada vez mais difícil a comunicação no sentido de comunhão efetiva;

⇨ Uma **possibilidade** de *feedback* (possibilidade apenas, porque nem sempre a retroalimentação acontece – o que é muito diferente das representações anteiores, as quais pecavam justamente por introduzir o *feedback* como algo necessariamente presente, o que nem sempre ocorre); e

⇨ Uma **possibilidade** de ruído (possibilidade também, apenas, mas que pode ser afastada tecnologicamente, pelo menos no meio/suporte físico – com as redes de fibras óticas, por exemplo). O ruído é, hoje, o principal responsável pela perda de foco da comunicação. A qual passou a operar, então, por saturação de mensagens. Uma "Economia da Atenção" foi proposta em livro por Thomas Davenport e John Beck para tratar desse tema. Nele, os estudiosos exploram a incapacidade de retenção de mensagens pelos indivíduos, entre outras questões pertinentes.

CAPÍTULO 3

Stakeholders

A noção de importância do relacionamento de uma dada organização com seus públicos de interesse (ditos *stakeholders*) e de influir, dentro da mesma, administrativamente, no nível de *board of directors*, para melhoria dessas relações, são os principais fatores que diferenciam a formação do relações-públicas[17].

Ao lado dos públicos-alvo "investidores" e "acionistas" (*stockholders* e *shareholders*), empregados, comunidade circunvizinha, imprensa, governo e clientela – em suas diversas esferas –, são públicos de interesse com os quais toda e qualquer organização precisa relacionar-se em seu dia a dia.

Não raro, no nível de *board of directors*, o responsável por relações institucionais opina em decisões operacionais que possam, no futuro, ter impacto sobre a opinião pública em geral ou alguma comunidade em particular (normalmente a circunvizinha "física", geográfica, ao negócio).

Tal caráter estratégico exige do relações-públicas uma sólida base de conhecimentos de negócios e de administração.

Os principais usuários de relatórios trimestrais e anuais, os quais incluem as demonstrações financeiras de uma dada entidade, com notas explicativas, parecer dos auditores independentes e diversos níveis de informação sobre as operações de uma organização, segundo Mourad e Paraskevopoulos, são[18]:

---

17. Roberto Porto Simões ensina: "Para a designação do profissional, seja masculino ou feminino, o correto é grafar relações-públicas, com hífen, termo que também comporta a abreviação RRPP".
18. Vale lembrar que o novo Código Civil Brasileiro (2002) prescreve que todas as empresas publiquem seus relatórios financeiros, algo que hoje se restringe somente às companhias de capital aberto com ações negociadas em bolsas de valores (Sociedades Anônimas). Prevê-se que quando este dispositivo for regulamentado, grande quantidade de profissionais de comunicação será convocada a colaborar com as empresas na tarefa de dar *disclosure* (divulgação) a suas informações financeiras.

Investidores institucionais e não institucionais

Os investidores são os fornecedores de capital de risco para uma entidade e seus conselheiros estão sempre atentos para o risco que envolve o investimento de capital em determinada entidade.

Eles necessitam saber se devem ou não comprar ações de cada entidade, manter ou vender suas ações e também conhecer a capacidade da entidade de pagar dividendos em períodos futuros.

Geralmente, os investidores institucionais possuem mais ferramentas para avaliação da posição financeira e patrimonial de uma entidade.

Trabalhadores

Trabalhadores e seus representantes estão sempre interessados na estabilidade e na rentabilidade dos seus empregadores.

Eles também estão interessados em avaliar a capacidade da entidade quanto ao pagamento de sua remuneração e a capacidade de geração de novos empregos.

Entidades financiadoras

Classe composta principalmente por bancos ou entidades de financiamento e concessão de crédito no mercado corporativo. Necessita sempre estar atenta para saber se o principal e os juros de seus empréstimos serão pagos quando devidos.

Governo

O governo, em todas as esferas, sempre possui interesses muito abrangentes quanto às atividades de determinada entidade, e, para tanto, tem ferramentas de fiscalização e geração de informações diversas quanto às atividades econômicas e capacidade de geração de renda ou desenvolvimento de certo segmento em prol da sociedade e do mercado financeiro.

Como podemos notar, há necessidades que são comuns a todos os usuários.

Como os investidores são fornecedores de capital de risco para a entidade, as demonstrações financeiras que satisfarão as suas necessidades também cumprirão a maior parte das necessidades de outros usuários.

Com o aumento do volume das divulgações, as entidades deverão entender os impactos para analistas e para o mercado de capitais, e decidir sobre divulgações contábeis críticas sobre a posição financeira e patrimonial, gestão de riscos, segmentação e análise de sensibilidade.

Na prática, geração e decisão de informações a serem divulgadas podem ser considerados processos que levam tempo e que devem ser aprovados por diversas partes e pela gerência da entidade.

PARTE II

CAPÍTULO 4

Os 4 Rs das relações públicas plenas

CAPÍTULO 4 - Os 4 Rs das relações públicas plenas | 37

"[...] entre as maiores preocupações da administração nos dias atuais está a de comunicação. Na verdade, é uma inquietação compartilhada por toda a sociedade hoje... a comunicação em administração nos últimos cinquenta anos tem sido objeto de grande interesse por parte de estudiosos e profissionais em todas as instituições... um mais profundo conhecimento da comunicação, mesmo nas organizações, ainda está bem distante. Mas a cada dia ficamos sabendo, pelo menos, mais sobre aquilo que não funciona, e, em alguns casos, porque não funciona... a comunicação em organização exige que as pessoas, sejam elas empregados ou estudantes, compartilhem da responsabilidade por decisões até onde for possível... a comunicação em organização – e esta pode ser a verdadeira lição de nosso fracasso em comunicação e a verdadeira medida das nossas necessidades de comunicação – não constitui um meio de organizar. Ela é um modo de organizar, e esta lição não deverá ser jamais esquecida".

Peter Drucker, em "A nova era da administração"

Coligindo variada experiência em atuação executiva – no primeiro, segundo e terceiro setores – de consultoria, treinamento técnico e de docência universitária ao longo de mais de três décadas, oferece-se este ensaio propositivo e um construto didático-compreensivo aplicável às atuais demandas organizacionais: o composto dos "4 Rs" das relações públicas plenas.

Importante lembrar que em produção anterior[19], o autor já produzira um diagrama (*vide* figura a seguir) demonstrativo da aproximação e da integração dos compostos de marketing e de relações públicas, onde vê-se uma representação do composto de marketing (*marketing mix*) de Jerome McCarthy ("os 4 Ps do marketing") em interpenetração com o composto da comunicação integrada proposto por Margarida Kunsch (veja diagrama original no próximo "box" NOUTRAS PALAVRAS), observando que o que a autora pontuara como sendo "comunicação mercadológica", passamos a denominar "comunicação de marketing", um sinônimo, o qual ocupa, no composto de marketing, justamente o lugar do "P" de Promoção.

---

19. MACHADO NETO, M. Marcondes. Relações públicas e marketing: convergências entre comunicação e administração. Rio de Janeiro: Conceito Editorial, 2008, p. 260.

38 | 4 Rs das Relações Públicas Plenas

COMPOSTO DA COMUNICAÇÃO ORGANIZACIONAL (4 Cs)
- COMUNICAÇÃO INSTITUCIONAL
- COMUNICAÇÃO ADMINISTRATIVA
- COMUNICAÇÃO DE MARKETING
- COMUNICAÇÃO INTERNA

COMPOSTO DE MARKETING (4 Ps)
- PRODUTO (OU SERVIÇO OU MARCA)
- PREÇO (+ PESQUISA DE MERCADO)
- DISTRIBUIÇÃO (LOGÍSTICA + PDV)

Tal "P" (que, como todo o composto de marketing, vem de uma tradução do inglês; no caso, do termo *Promotion*) – quer referir-se não às promoções de venda com as quais nos deparamos no dia a dia do mercado, de liquidação, de "promoção de venda", mas, antes, a "tudo aquilo que se pode fazer para promover, ou para dar ampla divulgação ao seu produto, serviço ou marca".

O primeiro "P", aliás, originalmente de "Produto", hoje preferimos designar como "P" de "Proposta de valor", numa substituição útil, uma vez que, em marketing, nem sempre estamos lidando com produtos ou bens tangíveis.

Há também os serviços, as ideias, as candidaturas político-eleitorais, as causas e as pessoas físicas (artistas, atletas, cientistas) interessadas em se promover.

Os dois "Ps" seguintes são autoexplicativos: Preço e Praça (de *Price* e *Place*, respectivamente), descritos na figura a seguir como "Distribuição (Logística + Ponto de Venda)", e completam a tentativa de representar a dimensão do desafio que é, atualmente, distribuir-se algo por uma "Praça" (ou, ainda, Ponto-de-venda) que passou a ser, simplesmente, todo o globo terrestre.

CAPÍTULO 4 - Os 4 Rs das relações públicas plenas | **39**

NOUTRAS PALAVRAS

COMPOSTO DA COMUNICAÇÃO INTEGRADA

- **COMUNICAÇÃO INTERNA**
  - Comunicação Administrativa
  - Fluxo
  - Redes formal e informal
  - Veículos

- **COMUNICAÇÃO INSTITUCIONAL**
  - Relações Públicas
  - Jornalismo Empresarial
  - Assessoria de Imprensa
  - Editoração Multimídia
  - Imagem Corporativa
  - Propaganda Institucional
  - Marketing Social
  - Marketing Cultural

- **COMUNICAÇÃO ORGANIZACIONAL**

- **COMUNICAÇÃO MERCADOLÓGICA**
  - Marketing
  - Propaganda
  - Promoção de Vendas
  - Feiras e Exposições
  - Marketing Direto
  - Merchandising
  - Venda Pessoal

Kunsch, Margarida M. K. Planejamento de Relações Públicas na Comunicação Integrada. São Paulo: Summus Editorial, 2003. P. 151.

A partir dos "4 Ps do marketing", mnemônico proposto por Neil Borden e amplamente difundido por Jerome McCarthy (1960), sugere-se um análogo "4 Rs das relações públicas plenas", sem pretender modelar – totalizar – mas, sim, identificar referenciais do campo teórico-prático das relações públicas[20] que constituem instâncias em que a atividade pode ser útil às organizações. Isto posto, segue-se

---

20. Para uma exaustiva análise dos 4 Ps e outros mnemônicos, consultar "Os 4 Ps ou Push/Pull: a escolha entre dois paradigmas, uma discussão teórica", dissertação de mestrado de Gilbert Gilles Gerteiny, aprovada pela UNESA (Rio de Janeiro, 2005), em especial na seção que aborda a evolução dos mnemônicos, apoiado em GUMESSON, Evert (Total Relationship Marketing: from 4 P to 30 R).

a proposta dos 4 Rs como um composto para fortalecer o contexto organizacional na obtenção e manutenção de: Reconhecimento, Relacionamento, Relevância e Reputação.

Vale antecipar que cada uma dessas instâncias em que as relações públicas plenas auxiliam indivíduos e organizações – de todos os portes e ramos de atividade – dividir-se-á em quatro respectivas ou táticas, totalizando um quadro de dezesseis frentes em que os saberes e fazeres de relações públicas se aplicam, contribuindo para uma divulgação efetiva de pessoas, ideias, causas, marcas e organizações. Para cada "R" também estarão associadas duas estratégias - fruto da contribuição recebida de colegas e leitores pós-primeira edição da publicação do composto no livro "A transparência é a alma do negócio: o que os 4 Rs das relações públicas podem fazer por você", em 2012.

Tal composto de Relações Públicas Plenas ("4 Rs") é, como já dito, análogo ao composto de marketing *(marketing mix)*, que a partir da matriz dos 4 Ps de McCarthy já fora expandido, pela sua "explosão", em mais 7 Ps por Francisco Madia – num total de 11 Ps, apresentados em seu portal "Madia Mundo Marketing".

E a eles acrescentamos mais um... o décimo-segundo "P" do marketing *mix*, de *"Powerbranding"*, neologismo que procura refletir – no idioma original dos 4 Ps, o inglês – a presença conceitual e a força atual, no mercado, da disciplina *branding*, enfim, o empoderamento das marcas na contemporaneidade, a ponto de terem que ser, as mesmas, valoradas e lançadas, a partir de 2010, pelas normas IFRS (International Finance Reporting Standards), nos Balanços Patrimoniais das empresas – levando a uma, já mencionada, quase substituição do marketing pelo *branding*. Hoje há mais gerências "de marcas" que gerências de produtos.

A seguir, os 11 Ps de Francisco Madia + o 12º P proposto pelo autor[21], numa concepção gráfica de Luis Monteiro:

---

21. MACHADO NETO, Manoel Marcondes. Relações Públicas e Marketing: convergências entre comunicação e administração. Rio de Janeiro: Conceito Editorial, 2008, p. 260. Nota do Editor.

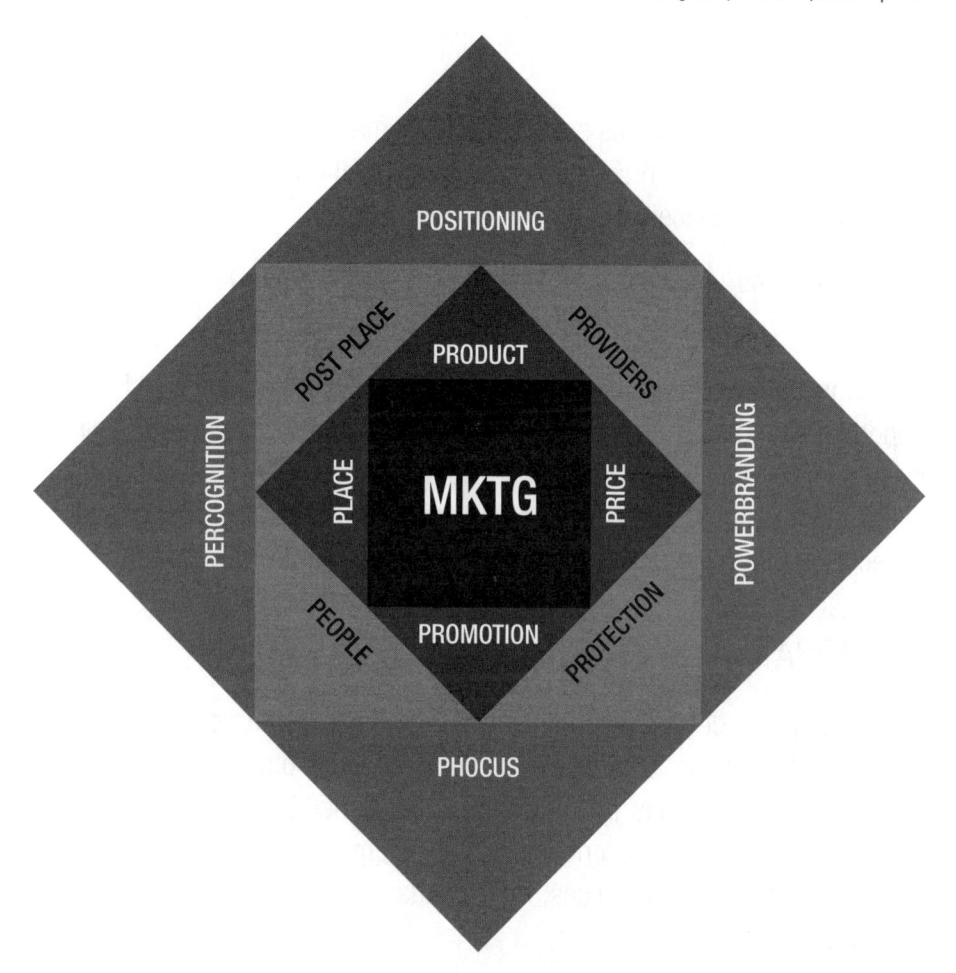

Em termos de *branding*, a propósito, o autor lidera, no âmbito do Mestrado em Ciências Contábeis da Faculdade de Administração e Finanças da UERJ o seguinte projeto de pesquisa:

"Estudo dos aspectos institucionais, mercadológicos, econômicos, financeiros e contábeis do processo de 'branding', com vistas a uma metodologia de avaliação de marcas segura e adequada à sua contabilização, a partir das recomendações IFRS (International Finance Reporting Standards) e do CPC (Comitê de Pronunciamentos Contábeis) quanto à evidenciação de ativos intangíveis".

DESAFIO

A partir de 2010, a todas as sociedades anônimas abertas – com ações em bolsas de valores – é recomendado evidenciar ativos intangíveis em suas demonstrações financeiras.

Entre tais ativos encontram-se suas marcas comerciais. De empresa e de produtos.

As normas internacionais de reporte financeiro (IFRS - International Finance Reporting Standards) e suas congêneres no Brasil (CPC) passam, pois, a exigir que a contabilidade dimensione, quantifique e registre valores que, até então, eram usados apenas a título avaliação comercial, sujeitos, portanto, a aspectos subjetivos e discricionários, ao largo de regras universais.

JUSTIFICATIVA

Ativos tangíveis de um determinado negócio, tais como sede, edifícios e equipamentos, frotas, centros de distribuição, entre outros bens, inclusive outros ativos intangíveis já tradicionalmente contabilizados (patentes, direitos autorais), foram, historicamente, subestimados diante de estimativas exclusivamente mercadológicas, relacionadas a marcas institucionais e/ou de produtos e serviços.

É corriqueira a publicação de *rankings* de marcas mais valiosas ou mais admiradas, obtidos a partir de avaliações sem uma base contábil segura universalmente aceita.

Normas internacionais e nacionais de reporte financeiro (IFRS e CPC) que exigem a segura e adequada contabilização e reporte dos ativos intangíveis (e entre estes as marcas), a partir de 2010, têm o objetivo de proteger investidores, comunidade financeira e o mercado em geral de estimativas extemporâneas, as quais podem alterar as condições de avaliação de ativos, de abertura ou fechamento de capital, de crédito e financiamento, de fusões e aquisições; dificultando a auditoria independente e o próprio processo de tomada de decisões negociais.

PROPOSTA

O projeto de pesquisa liderado pelo autor visa propor uma metodologia contábil de avaliação do ativo intangível do tipo "marca", passível de adoção pelas organizações-alvo da legislação. Não são objeto de estudo outras categorias de ativos intangíveis.

OBJETIVO

Prover uma análise multidisciplinar do processo de *branding* no auxílio a uma mais consensual avaliação e mais adequada e segura contabilização (e consequente reporte) do valor de marcas institucionais e de produtos/serviços.

Para mais informações: http://brand-forum.blogspot.com.br.

A gênese do composto dos 4 Rs

O autor, interessado em levantar a presença da ideia de relações públicas no imaginário de jovens trabalhadores, conduziu uma pesquisa junto a profissionais em níveis operacional, de supervisão e de gerência, nos estados de São Paulo, Rio de Janeiro e Minas Gerais, num total de 100 entrevistados, nos anos de 2010, 2011 e 2012. Os achados da pesquisa permitiram a formulação de um novo construto didático-pedagógico, o composto de "4 Rs" das Relações Públicas Plenas.

Os achados da pesquisa demonstraram que os entrevistados lidam com questões de relações públicas, mesmo não conhecendo as características acadêmicas da área, atribuem importância às suas práticas no campo dos negócios, e relacionam-nas a quatro demandas muito patentes: reconhecimento, relacionamento, relevância e reputação.

A pesquisa foi feita em quatro cidades (São Paulo, Rio de Janeiro, Juiz de Fora e Macaé), por três pesquisadores, os quais utilizaram formulários- padrão e abordagem pessoal. Os ambientes eram universitários, em Instituições de Ensino Superior que NÃO ofereciam o curso de Relações Públicas, de graduação ou pós-graduação – nas áreas de Administração, Comunicação e Marketing –, e os pesquisadores só iniciavam a entrevista quando a pessoa abordada (aleatoriamente) declarava já estar no mercado de trabalho, em organização pública, privada ou do terceiro setor. Aqueles abordados, apenas estudando ou estagiando, que não correspondiam ao perfil definido previamente, eram dispensados. Não foi dada qualquer sugestão aos entrevistados, os quais percorriam oito questões de múltipla e livre escolha. Ao final, duas questões abertas concluíam a entrevista.

Achados da pesquisa

Estratificando os resultados, obteve-se (cada entrevistado podia escolher apenas duas demandas principais numa lista de oito proposições):

- 70% relacionaram a ideia de reputação aos conceitos de "credibilidade" e "respeitabilidade";

- 40% dos entrevistados consideraram "credibilidade" o principal atributo para que uma organização obtenha reconhecimento no ambiente em que atua;

- 37% dos entrevistados relacionaram a ideia de "diplomacia" a relações públicas e a ideia de relevância à importância da organização no mercado.

O cliente tem sempre razão

Numa das questões abertas, a maioria associou a "capacidade de estabelecer relacionamentos" com a ideia de simpatia, ratificando o conceito de *goodwill* – mais tradicional objetivo de relações públicas nos Estados Unidos, pátria-mãe da atividade.

- 59% associaram a ideia de reputação a "compromisso com o cliente";

- 41% destacaram o "atendimento personalizado" como principal ferramenta de relacionamento com o cliente;

- 38% ligaram a ideia de "diferencial" competitivo a bom atendimento ao cliente, e entre esses, 92% especificaram "qualidade de produtos e serviços".

Chame o especialista!

Na última questão (aberta) proposta, numa lista de perfis profissionais, os respondentes escolheram assim:

- 44% atribuíram ao "profissional de marketing" o tratamento das questões colocadas pela pesquisa;

⇨ 22% atribuíram ao "relações-públicas" tais responsabilidades, enquanto outros 22% atribuíram-nas ao "administrador";

⇨ 8% citaram o perfil profissional do "publicitário"; e

⇨ 4% escolheram o "jornalista".

PESQUISA SOBRE COMUNICAÇÃO INSTITUCIONAL

Nome do entrevistado: _____

Formação: _____

Organização: _____

Cargo ou função: _____

1. A que fator você atribui ser a organização em que atua reconhecida no mercado?
2. Como a organização se diferencia das concorrentes? E quais são estas?
3. Com que públicos a organização em que você atua se relaciona?
4. De que instrumentos a organização lança mão nesse(s) relacionamento(s)?
5. A organização em que você atua é importante para a localidade em que se encontra?
6. Quais os atributos que tornam, ou tornaram, a organização relevante socialmente?
7. Sua empresa tem uma boa reputação? Sim ou não?
8. Em qualquer caso, como, em sua opinião, isso se deu?
9. Relacione as duas colunas. Para cada letra, um só número:

Autenticidade	(A)	(1) Relações Públicas
Respeitabilidade	(B)	(2) Relevância
Influência	(C)	(3) Reconhecimento
Legitimidade	(D)	(4) Relacionamento
Diplomacia	(E)	(5) Reputação
Importância	(F)	(6) *Lobby*
Credibilidade	(G)	(7) Representação

10. Para tratar dos assuntos relacionados acima, quem você contrataria?
    ( ) profissional de marketing
    ( ) jornalista
    ( ) administrador
    ( ) consultor de relações públicas
    ( ) publicitário
    ( ) dois perfis. Quais? _____ e _____

Instrumento utilizado na pesquisa de campo.

Detalhamento do composto dos 4 Rs

I) RECONHECIMENTO - ESTRATÉGIAS

Na instância do RECONHECIMENTO de um indivíduo, causa ou organização, pode-se lançar mão de duas estratégias: **Presença Competente na Internet** e **Arte Narrativa**.

Presença Competente na Internet
(Own Content Management)

ALÉM DOS OUTROS *MEDIA* – UMA QUESTÃO PARA RELAÇÕES-PÚBLICAS

Um dos maiores desafios desses tempos de sociedade da informação e do conhecimento é, justamente, a pesquisa, a produção e a edição de conteúdo próprio (*own content management*), o que exige disciplina, presteza, acuracidade, atenção e senso de urgência.

Diz Marcelo Ficher, autor já citado e também professor:

> "Acabo de avaliar um trabalho de fim de curso de estudantes de Administração. É marcante o interesse desse pessoal pela nossa área de atuação – a comunicação organizacional. A eles ainda surpreende que eu não seja um jornalista ou publicitário e, nisso, são amostra fiel do universo em que nos encontramos: para o senso comum, somente esses dois perfis profissionais são reconhecidos como 'da comunicação'."

Mas, depois que tomam contato com o nosso campo, de Relações Públicas, as pessoas de outras áreas entendem que as finalidades precípuas daquelas funções tradicionais mais conhecidas (do Jornalismo e da Propaganda); informar e persuadir, respectivamente, não dão conta do caráter estratégico que preside a comunicação de uma organização, sobretudo as de grande porte. Ou as do terceiro setor, por exemplo, muitas ainda desprovidas da função "marketing". É preciso mais. E aí compreendem a amplitude de ação que o exercício que denominamos "pleno" de Relações Públicas traz para empresas, órgãos governamentais e organizações da sociedade civil.

Manoel Maria de Vasconcellos defendia a tese de que relações públicas são sinônimo do conceito de comunicação social. Ou seja, todo o esforço que uma organização ou indivíduo fazem com o objetivo de divulgar-se no seio da sociedade em que vivem e atuam seria uma questão de relações públicas. Está aí uma bela tese – que passamos a adotar –, a qual justifica a abrangência dos saberes da área e a utilidade de seus múltiplos fazeres.

Futuros administradores, fazendo planos de negócios e pesquisando por conta própria, chegam a sugestões "publicitárias" que, quando tratam de comunicação, incluem o uso da mídia televisiva, do rádio, de jornais, *outdoors* e patrocínios, entre outras. Surpreendentemente, muitos ainda não mencionam a internet. Nem como meio, nem como veículo. É uma limitação. Uma miopia. A internet simplesmente revolucionou a mídia nos últimos anos.

Vamos aos dados: se em 2008 a *web* ainda andava atrás da mídia rádio em termos de fatia do "bolo publicitário" (4% para a primeira e 5% para a última), agora ela é o meio que vem em segundo lugar, perdendo apenas para o meio TV aberta. De acordo com o levantamento da Internet Advertising Brasil (IAB Brasil), dados de 2013, o faturamento anualizado dos *sites* e mecanismos de busca atingiu 11,5% do "bolo publicitário" (contra 10,5% do período anterior – o que revela um aumento de 10% ao ano – maior crescimento do setor).

A TV aberta ainda mantém – inalterados – 59,5% do total, seguida pelo meio jornal, com 10,5% das verbas, e das revistas, com 6,5%. O meio rádio ainda detém 4% do faturamento publicitário, em patamar semelhante ao da TV por assinatura (com 3,5%). As demais alternativas de mídia comercial ficam assim: mídia exterior (*outdoors* e afins) com 3%, listas e guias com 1%, e o cinema com 0,5% do faturamento total do mercado. O mercado publicitário brasileiro movimenta um total de R$ 30 bilhões, e isto só em termos de veiculação (sem contar os custos de produção dos anúncios e ações promocionais).

Não se pode deixar de levar em conta que todos os *media* convergem para a internet.

São novos veículos ainda não considerados nos levantamentos publicitários: *webTVs*, *webradios*, *weblogs* – mas que cada vez mais brigarão por audiência e, por consequência, entrarão também na briga por anunciantes. Por isso, na demanda por relevância.

Quem anuncia tem que olhar para a *web*.

E quem não anuncia? Bem, quem não anuncia tem que ter, pelo menos, o que denominamos como uma "presença competente na internet", ou seja, pelo menos um bom *website* institucional. Não é mais possível improvisar, ter um "sitezinho", um "blogzinho", um "youtubinho", desenvolvidos por um amador amigo "muito criativo". Há que se ter um bom *design* (pelo menos instigante, belo e claro), muita informação "doada" ao internauta, funcionalidades, facilidade de navegação e alguma interação (norma da *web 2.0* – algo que já está ficando para trás em 2014). Nem pensar em uma *homepage* estática, com "cara" de 1.0, de "bolha do ano 2000".

Considere, pois, a sua presença – ou de seu negócio – na internet como uma das importantes vias para a tão demandada transparência, resultado do composto dos 4 Rs das Relações Públicas Plenas: uma ferramenta de Relacionamento (levando em conta, também, a desejável Relevância).

Arte Narrativa *(Storytelling)*

QUATRO TÉCNICAS DE CONTAR HISTÓRIAS QUE PODEM AJUDAR A AUMENTAR SUAS VENDAS

(Fonte: Lindsay Lavine - artigo publicado no site Entrepreneur em 25 de janeiro de 2013. Tradução livre).

Todos nós temos visto, e ouvido, comerciais de TV e rádio que explicam um negócio, um produto, um serviço, em 30 segundos – ou menos –, o tempo que se leva para ir de elevador do térreo até o terceiro andar... desafio de sempre dos publicitários.

Kambri Crews é uma contadora de histórias de renome, dona de uma empresa de promoções e de relações públicas especializada em "stand-up comedy". Em seu livro "Burn down the ground", narra sua educação caótica no Texas rural como filha de pais surdos.

Crews começou a se apresentar em eventos de contar histórias na cidade de Nova York, vendo-os como oportunidade para trabalhar em seu próprio livro, além de treinar "o que funcionava com o público".

Conversei com ela para descobrir que dicas de contar histórias podem ajudar micro e pequenos empreendedores em sua atividade comercial. Essas são as quatro técnicas para impulsionar suas habilidades de falar em público e contar histórias:

1. Pratique bem a sua mensagem. "Escrever para os ouvidos e não para os olhos", afinal, seu texto, no caso da narrativa contada, não vai ser lido, mas ouvido. Adapte a sua mensagem para essa circunstância e module-a de acordo com o tempo que terá. A atenção é uma mercadoria escassa hoje em dia. Imagine que o seu *target* está no elevador dirigindo-se ao terceiro andar (e lembre-se que esse trajeto leva 30 segundos).

2. Tente, de todo modo, que sua fala não pareça ensaiada. Isso, definitivamente, afasta as pessoas. Crews explica: "você quer um momento espontâneo; você não terá a mesma resposta sempre (aliás, nunca) – fale naturalmente, tente relaxar, e mantenha contato visual com a(s) pessoa(s) com que você está falando".

3. Tenha, sempre, um começo, um meio e um fim. O início deve "ligar" o seu público, enquanto o final – e a chamada para a ação (compra ou engajamento) – devem ser claras.

4. Faça a narrativa parecer "pessoal". Crews recomenda "o uso de perspectivas para se conectar em um nível humano com o produto ou serviço que você está vendendo". Por exemplo, se você está vendendo aparelhos para surdez, você pode citar uma pesquisa, estudos de caso ou uma lista de prós e contras. Mas se você mostrar um vídeo de uma criança "antes e depois", com a sua reação ao ouvir a voz de sua mãe pela primeira vez, as pessoas vão se lembrar disso, emocionalmente. "Uma anedota pessoal sempre vende um pouco melhor", aconselha Crews.

A seguir, estão relacionadas as práticas que levam um nome, uma causa, uma organização, um produto ou uma campanha a adotarem personalidade própria e obter Reconhecimento.

Reconhecimento - Táticas

No quesito Reconhecimento, temos, respectivamente, como exemplos:

O atleta do século XX, Pelé; a causa da detecção precoce do câncer de mama – adotada pelo Instituto Avon, no Brasil; a ONG ambientalista Greenpeace (por suas ações inusitadas e *midiáticas*); a silhueta do produto Coca-Cola; a assinatura sonora da fabricante de componentes Intel; o ainda lembrado "garoto-propaganda" da Bom-Bril; e a campanha do Sindicato dos Corretores de Seguro do Rio de Janeiro (Sincor/RJ): "Seguro, só com o corretor de seguros".

Em comum, nesses casos, estão em jogo questões ligadas à individualidade, à legitimidade e à distinção, de produtos e serviços, por qualidades próprias e reconhecidas por cidadãos, usuários, clientes, consumidores, "seguidores", ativistas ou fãs.

O reconhecimento é a propriedade de um ente (indivíduo, causa, marca, movimento ou organização) ser identificado por seus públicos de interesse, ditos *stakeholders*, como distinto e único (*unique corporate identification*)[22], e ser assim reconhecido pelo conjunto maior desses públicos: a sociedade.

Aqui não se trata de reconhecimento de marca – um atributo de mercado, de posicionamento (que veremos mais adiante) –, mas, antes, de reconhecimento pelo indivíduo e pelo organismo social – bases para as relações públicas.

Nenhuma outra área focaliza este aspecto particular com tanta ênfase quanto as relações públicas. O Direito Societário e a Ciência Contábil supervisionam as formalidades da criação de uma pessoa jurídica (Apêndice 2), não seus aspectos simbólicos. O marketing, sim, em sua instância comunicativa, privilegia o universo simbólico, estimulando o desejo de produtos e serviços, mas com foco em resultados de vendas e vantagens tangíveis, quantificáveis.

As relações públicas operam, também, no campo comunicacional, simbólico, mas vão além da promoção com o objetivo de vendas e buscam estabelecer a entidade como "alguém" no mercado, que possa ser **reconhecido** entre muitos. Alguém com quem se terá "boa vontade", confiança – a base de um ativo intangível clássico trabalhado por RP: *goodwill*.

E como não sucumbir ao turbilhão de discursos, apelos e gritos que a mídia – da TV aberta ao celular, dos *outdoors* às redes sociais – nos "oferece" a cada segundo? Como passar por todos os filtros perceptuais – de tantos quantos intermediários envolvidos – e chegar a corações e mentes com sua singular *mensagem*?

---

22. Analogamente e tomando por empréstimo do marketing o conceito de *unique sales proposition*.

Não é de hoje que se discute – e se procura – no âmbito do marketing, a forma ou as condições ideais para obter-se o reconhecimento de uma ideia, empresa, marca, serviço, produto, enfim, uma proposta de valor (*value proposal*). E as relações públicas tmabém operam nessa instância, em cooperação com o marketing.

O que faz uma empresa permanecer ao longo de décadas já foi objeto de inúmeros estudos. "Feitas para durar"[23], de Jim Collins e Jerry Porras, trouxe mais luz sobre esse tema complexo, eivado de "mitologia" e achismos. Com sua pesquisa, os autores derrubaram, um a um, os mitos do monopólio, do "inventor genial", da "grande sacada", entre outros, para mostrar que não há fórmulas prontas para que empresas – e seus produtos, serviços e marcas – cheguem aos cem anos de vida[24].

Num segundo momento, Jim Collins continuou o trabalho a fim de desvelar se haveria, dentre as empresas que duram muito tempo, alguma forma ou conteúdo comum que explicasse tal perenidade. Bem entendido: não se trata mais de confirmar ou não as crenças sobre a perenidade de uma empresa, mas de descobrir se havia algum fator comum passível de ser sistematizado no melhor interesse daqueles que querem seguir uma carreira em *management*. O resultado desta continuação encontra-se em seu livro "Feitas para vencer", editado pela Campus, em 2001.

E lá está consignado: boa comunicação é um dos fatores-chave para uma organização "durar".

No aspecto específico de relações públicas, o que se constata é que há formas de auxiliar os gestores no contínuo e permanente reconhecimento de uma organização em seu meio e, para tanto, é preciso, pelo menos, considerar o estabelecimento de quatro vertentes de trabalho:

---
23. COLLINS e PORRAS. Feitas para durar. Rio de Janeiro: Rocco, 1995.
24. As 18 empresas pesquisadas: 3M, American Express, Boeing, Citicorp, Ford, General Electric, Hewlett-Packard, IBM, Johnson & Johnson, Marriott, Merck, Motorola, Nordstrom, Philip Morris, Procter & Gamble, Sony, WalMart, Walt Disney Co.

1. O estabelecimento de uma **identidade corporativa**. Bem concebida, bem desenhada e bem executada, desde a escolha do nome e das cores até a sua aplicação em materiais do dia a dia operacional (sede, frota, uniformes, papelaria, propaganda, website etc) é algo fundamental. Por exemplo: todos os postos de uma distribuidora de combustíveis são parecidos – isto, justamente, para facilitar a identificação pelo usuário na rua, mesmo à distância, no momento de abastecer seu veículo. O mesmo ocorre com as redes de *fast food.* Naturalmente, a este quesito de identidade vão alinhar-se as próximas táticas do Reconhecimento, *branding* e imagem de marca.

Num mercado em que o cliente se depara com muitas escolhas e rápidas mudanças, uma identidade diferenciada constitui um diferencial competitivo relevante, proporcionando recall.

Os sócios que fundam uma empresa, ou os associados em torno de uma causa, para além de seus ideais, ou, ainda, a situação financeira da empresa, ou a qualidade dos seus produtos ou serviços, não são o bastante para sobressair.

Organizações são, sempre, conjuntos de pessoas reunidas sob um determinado objetivo comum. É preciso mais para "aparecer" – e isto demanda um forte signo no campo simbólico, de comunicação: cores, desenhos, sons, odores e, até, "atitudes" ao longo da vida!

Vale tudo para destacar-se e firmar uma identidade corporativa.

São cada vez mais sofisticadas as técnicas de denominação de empresas. Busca-se criar novas palavras, novos nomes, os quais tenham leitura universal e – importante – não sejam ofensivas em qualquer idioma, justamente para marcar uma distinção e não ferir quaisquer suscetibilidades ao redor do mundo, em todos os países, e sob os mais diversos códigos culturais. Nomes como Avaya, Novartis, Xperia são exemplos. (*Vide site* http://www.lexiconbranding.com/).

2 A **gestão de marca** *(branding)*. É todo o esforço realizado em torno de um símbolo, com nome expresso em texto ou não, que seja distintivo da organização. A marca funciona como uma assinatura. Exemplo: a Nike, em seu início, associou um desenho ao seu nome. Depois, a marca dispensou o texto e só o traço característico já comunicava aquela identidade. Assinatura é, em francês, *griffe* – algo que estamos acostumados a relacionar à indústria da moda. E os consumidores de produtos *fashion* (roupas, calçados, acessórios, bijuterias, cosméticos etc.) se acostumaram a comprar produtos – e até serviços, como nos salões de beleza da rede Werner, por exemplo –, a partir da *griffe*. Levi's, Diesel, Timberland, Dior, Channel, L'Oreal, Natura, Richards e Farm são outros casos de destaque.

A Procter & Gamble, maior fabricante mundial de produtos de consumo e não por outra razão, maior anunciante global, no relato de Francisco Madia (em seu livro "Introdução ao marketing de sexta geração: datamarketing behavior", de 1994), inaugurou o processo de *branding*, ainda no século XIX, nos Estados Unidos, quando seus produtos (banha de porco para cozinha e parafina para iluminação), distribuídos a granel, tinham suas caixas de madeira "assinadas" a ferro *(branded)* em brasa com as iniciais "P&G". A dona de casa, então, dirigindo-se ao comerciante, e apontando a sua preferência nos armazéns, dizia: "quero da caixa com aquela marca". O resto é história e, hoje, o *branding* é objeto de todo um setor de estudos acadêmicos especializados e, nas empresas, de verdadeiros times de gestores de marcas intitulados *brand champions*.

Branding praticamente assume, hoje, o lugar de destaque que o marketing ocupou no cenário empresarial de quatro ou cinco décadas atrás.

Marcas, afinal, são – ainda que intangíveis – os ativos mais valiosos do mundo dos negócios. E as mais cotadas são justamente aquelas institucionais, de empresa, para além de produtos e serviços, tais como Google, Apple, McDonald's, Siemens, Burberry, Bradesco, Itaú, Petrobras, Natura e Vale.

3 A construção de uma **imagem de marca**. Para além de logotipos e logomarcas, uma organização também pode "vestir-se" de outros atributos. Uma assinatura sonora, por exemplo. Pense em quantos comerciais de bancos possuem como pano de fundo uma sequência de notas musicais. Ou a comunicação de uma montadora, ou supermercado. Lembre-se dos comerciais da Intel e sua assinatura sonora genial, de apenas quatro notas musicais. Outra tática de imagem de marca: a adoção de um garoto ou garota-propaganda, algo bastante antigo, mas ainda presente na mídia. Até o aspecto olfativo – para não falar das inovações mais recentes do chamado "neuromarketing" – tem sido considerado na hora de obter distinção. Experimente percorrer butiques de roupa de uma rede – você provavelmente vai sentir a mesma fragrância ambiente em todas as lojas.

Administrar relacionamentos no médio e longo prazos, mantendo "acesa a chama" que vincula o cliente à sua marca é desafio que exige criação permanente de novos atributos, sempre no campo simbólico, da comunicação, dado que os produtos e serviços, em si, nem sempre são passíveis de "inovação permanente".

Há casos em que as marcas são tão amadas (e isto é uma conquista da empresa, não é algo que venha gratuitamente) que pode-se falar até em "totemização" de uma marca, verdadeira adoração que algumas pessoas desenvolvem por suas preferências de consumo. Alguns exemplos: Apple, Coca-Cola, Havaianas e Harley-Davidson.

Manoel Maria de Vasconcellos (2006), pioneiro do marketing no Brasil, assim explica: "o público não deseja somente uma imagem do produto, mas igualmente uma imagem da empresa que o faz e o oferece".

4 A veiculação de **propaganda institucional**. Para J. B. Pinho, a propaganda institucional tem como uma de suas características "fortalecer e agregar valor e alma à marca da empresa, promovendo a aceitação da mesma como uma instituição pública. Ela pode divulgar, também, os aspectos relacionados à sua responsabilidade social e aos serviços prestados aos consumidores. A propaganda institucional, enquanto consolidação e fortalecimento de conceito e reputação, deve estar alinhada com os valores sociais e éticos da organização". É um recurso muito válido, embora considerado caro frente ao fato de não redundar – de modo imediato – em ganhos de faturamento.

"Reconhecemos" organizações como Petrobras, Unilever, Ford, Hyundai ou a campanha Criança Esperança/UNESCO também em função de seus anúncios institucionais na televisão, em jornais e em revistas.

O texto propagandístico comum é facilmente identificado, principalmente por seu aspecto adjetivo, ressaltando qualidades e vantagens de determinado produto, serviço ou, no caso, organização, e tem o objetivo de gerar, em nós, desejo, vontade de conhecer o anunciante ou consumir o produto ou serviço por ele oferecido.

É claro que se usamos um automóvel Ford e o abastecemos de combustível em um posto Petrobras, esse "conhecimento" se aprofunda, pois temos uma relação direta com produtos e serviços dessas organizações.Da mesma forma, quando fazemos uma doação ao Criança Esperança ou adquirimos cartões de Natal do UNICEF, nossa relação com a organização aprofunda-se também, indo além do mero "conhecimento" do que a organização é por intermédio de um anúncio qualquer. Passamos à ação. Motivados pela propaganda do tipo institucional.

A empresa socialmente responsável agrega pontos positivos ao seu conceito corporativo perante a sociedade. No entanto, para algumas organizações, a ideia se reduz a projetos sociais pontuais em comunidades carentes.

Tal visão – antiga, mas que ainda muito se pratica – faz com que uma indústria química, por exemplo, acredite ser aceitável poluir com dejetos químicos o córrego ao lado de sua sede se, em contrapartida, reformar a igreja da comunidade ou promover atividades para segmentos considerados "carentes". Esse tipo de atitude é, hoje, condenável, *greenwashing*.

A responsabilidade social deve ser entendida como compromisso verdadeiro e real da organização para com a sociedade num âmbito mais amplo, uma forma de retribuir a exploração dos recursos naturais e humanos de seu entorno.

O conceito de responsabilidade social vai desde o devido pagamento de impostos, passa pela oferta de produtos de qualidade e geração de empregos, até a preocupação palpável com a sustentabilidade do negócio em termos de meio-ambiente. A já mencionada prática mentirosa sobre "ser verde", a qual convencionou-se batizar *greenwashing*, é daninha não só para o meio-ambiente. O é, ainda mais, para a imagem da própria empresa "impostora".

Pesquisadores até de algum renome tentaram "empurrar" uma – canhestra – tese de que os negócios mais poluidores, mais daninhos, mais condenáveis, seriam os "campeões" do patrocínio às artes. E o fariam para redimir-se, numa lógica exdrúxula de "contrapartida", *compensando* efeitos letais para rios, fontes de água limpa e ecossistemas inteiros, com uma doação de instrumentos aqui, uma reforma de museu ali, um evento acolá. Hoje, tese totalmente *furada*.

NOUTRAS PALAVRAS

Uma organização socioambientalmente responsável contribui efetivamente para:

- O bem-estar da sociedade;
- O desenvolvimento econômico, social e cultural;
- A preservação do meio ambiente.

É preciso haver critérios objetivos para uma organização ser considerada socialmente responsável. Caso contrário, a ideia se torna um discurso vazio, que não se sustenta em momentos de crise.

Os mandamentos da governança corporativa, cujo pilar é a transparência, estão a exigir dos governos o estabelecimento de parâmetros de responsabilidade social, econômica e ambiental.

Balanço Social

Na França, o balanço social está implementado como obrigatório para as empresas com ações em Bolsa de Valores desde 1977.

No Brasil, organizações não-governamentais como o Instituto Ethos de Empresas e Responsabilidade Social e o IBASE têm modelos de balanço social adotados já por diversas empresas. No entanto, tal atitude é voluntária e não algo amparado em legislação específica.

II) RELACIONAMENTO - ESTRATÉGIAS

Na instância do RELACIONAMENTO com seus públicos-chave, um indivíduo, movimento ou organização podem lançar mão de duas estratégias: **Marketing Orientado ao Público Interno** e **Serviço de Atendimento ao Consumidor**.

Marketing Orientado ao Público Interno
(Internal Marketing Orientation)

OBJETIVO DE PESQUISA NO CAMPO DA PSICOLOGIA SOCIAL

Operacionalização do conceito de orientação para o mercado interno, o qual concretiza-se pelo emprego de ferramentas comuns de marketing com o objetivo de satisfazer os desejos e necessidades do público interno da organização.

CONCLUSÕES

⇨ Os valores de satisfação e bem-estar dos empregados e as práticas de recompensa e treinamento são as dimensões da cultura organizacional que melhor predizem a orientação para o mercado interno (sensibilização do cliente interno e busca de informação formal);

⇒ Há necessidade de mais estudos qualitativos para conceituação e identificação da categoria "cliente interno", segmentação de "mercado interno", antecedentes e consequentes da orientação para o mercado interno (*internal marketing orientation*) e seus reflexos no marketing (externo);

⇒ A comunicação interna é o instrumento ideal para atuação sobre a cultura organizacional e a ferramenta mais adequada é a rede interna de comunicação (intranet), por sua velocidade, segurança, confiabilidade e dinamismo;

⇒ Empregados (clientes internos) safisfeitos: clientes externos satisfeitos.

(Fonte: Alvaro Magalhães – dissertação de mestrado – UGF – abril de 2007)

Serviço de Atendimento ao Consumidor *(CRM)*

(Fonte: matéria publicada por Roger Trapp no The Independent de 05/06/07).

Conhecer, compreender e prever o que seus clientes querem – e vão querer no futuro – é vital para o sucesso das empresas de pequeno e médio porte.

Se você tem uma loja de esquina, por exemplo, é muito mais simples servir seus clientes locais do que fazê-lo numa cadeia de supermercados. Você sabe o que seus clientes querem, porque você os vê quase que diariamente e pode falar com eles cara-a-cara, ao invés de organizar pesquisas e questionários. Há também uma cadeia muito mais curta entre a pessoa que compra e a que toma decisões. Na verdade, ambos os papéis são muitas vezes desempenhados por uma mesma pessoa.

É esse conhecimento e compreensão dos clientes que as grandes empresas tentaram replicar quando começaram a investir em gestão de relacionamento com clientes (CRM - Customer Relationship Management), há alguns anos. O conceito é essencialmente "conhecer melhor os clientes e usar esse conhecimento para bem atendê-los".

Com o desenvolvimento de sistemas de coleta de dados para grandes organizações, tais como bancos e supermercados, o conceito ficou ligado à tecnologia da informação. É mais do que isso, porém; mais uma filosofia de negócios do que uma solução técnica para ajudar a lidar com os clientes de forma eficaz e eficiente.

Dito isto, o CRM não pode ser visto só em termos de tecnologia, mas também não pode ser introduzido com sucesso em uma organização sem pelo menos alguma tecnologia, afinal, só a tecnologia permite o aspecto-chave de CRM: a integração de todos os meios pelos quais as empresas se comunicam com seus clientes (correio, telefone, *e-mail* e/ou redes sociais).

Muitas empresas produzem estatísticas e métricas por cliente, por loja, por mês do ano etc. Mas aquelas que estão usando a chamada "análise de dados" dão-se melhor. Elas podem, por exemplo, usar a modelagem preditiva para identificar os clientes mais rentáveis, ou mesmo praticar preços diferenciados para clientes diferentes.

Alternativamente, podem integrar seus dados com outros obtidos em outras fontes para produzir mais conhecimento de seu mercado. E, também, podem usar experimentos para testar o efeito da propaganda e da atividade de marketing.

A boa notícia é que o que era privilégio de grandes corporações já está disponível para empresas menores. Sistemas de CRM já estão disponíveis em formato terceirizado na *web*.

A palavra do momento na área da consultoria de CRM é *insight*. Todos querem mais informação que seus rivais. Muito tem sido feito nos últimos anos no campo da chamada "inteligência competitiva". A britânica Tesco parece ser capaz de antecipar fins de semana quentes e obter as quantidades corretas de cerveja e suprimentos para churrasco (carne, carvão e sal marinho) para suas lojas. Este "furo" na concorrência é, em grande parte, fruto da análise de informações de longo curso.

Da mesma forma, a internet como meio de vendas tem sido bem sucedida porque os anunciantes usam ferramentas como Google Analytics – algoritmos que são constantemente analisados, tais como "eficácia" de palavras-chave, "posicionamento" na busca de página (relevância), material criativo original e assim por diante.

Davenport e Harris, autores fundamentais em CRM, citam Sir Martin Sorrell, executivo-chefe de publicidade e marketing do grupo WPP: "não há dúvida que a análise científica, o CRM, incluindo econometria, é uma das áreas mais importantes na indústria do marketing de serviços".

Relacionamento - Táticas

Mais autoexplicativa e tradicional vertente da área de relações públicas, o relacionamento constitui-se de atividades que tiveram início no pós-segunda grande guerra sob o enfoque de "negócios públicos" *(public affairs)* em setores de governo, depois em empresas e, por último, no âmbito do terceiro setor[25].

Para o Chartered Institute do Reino Unido, relações públicas "atingem determinados objetivos por meio do efetivo gerenciamento de comunicações e relacionamentos"[26]. Nenhuma outra área de saber especializa-se, como a de relações públicas, no aspecto "relacional" institucional, desde o contato efetivo da organização com seu público interno até a comunicação com o mercado.

Matéria-prima das relações públicas, o relacionamento de uma organização com seus públicos-chave (os chamados *stakeholders*)[27] é assunto específico que demanda gestão especializada. Isto porque, não raro, há interesses antagônicos entre dois ou mais grupos reunidos sob a égide, ou influência, de uma mesma organização.

---

25. *Public affairs, public administration, public issues management* não se confundem conceitualmente, muito ao contrário, complementam-se.
26. LAWSON, Russell. The public relations buzz factor. London: Kogan Page, 2006, p. 45.
27. Públicos de interesse, ao lado dos acionistas (*stockholders*), merecem satisfações da empresa.

Suponha uma empresa que promove uma demissão em massa em suas unidades fabris em razão de uma terceirização de serviços para praças cuja mão de obra é mais barata. Seus funcionários ficarão irados, bem como seus familiares. E isto gerará conflitos para a área de relações internas.

Por outro lado, no setor de relações com investidores, o sentimento será o oposto, de satisfação, dado que este tipo de decisão gera valorização das ações da empresa no mercado de ações.

NOUTRAS PALAVRAS

A organização como uma rede de relacionamentos e um ambiente cultural sujeito ao momento

Gareth Morgan afirma que as organizações podem ser vistas como sistemas vivos, que existem em um ambiente amplo do qual dependem em termos da satisfação de suas várias necessidades.

> [...] a teoria da organização transformou-se num tipo de biologia na qual as distinções e relações entre moléculas, células, organismos complexos, espécies e ecologia são colocadas em paralelo com aquelas entre indivíduos, grupos, organizações, populações de organizações e a sua ecologia social.

Houve época em que as organizações eram comparadas a máquinas, preocupadas tão somente com os resultados e ignorando o elemento humano. As metáforas de organismos e teias exploradas por Morgan em seu livro "Imagens da organização", permitem entender sutilezas e detalhes importantes para a eficácia no funcionamento das organizações, antes ignorados.

Clima e cultura organizacionais: seus efeitos sobre as relações institucionais

O dia a dia das organizações é resultado de interações entre pessoas, situações, ações e circunstâncias. Para Chiavenato (1981, p. 383), "cada organização possui características próprias, cultura e sistema de valores próprios, que determinam os sistemas de informações e os procedimentos de trabalho".

Tais modos de pensar e de agir, o chamado *modus operandi*, a forma de interação entre os indivíduos, a linguagem, a história, os temas discutidos e as crenças, são elementos que influenciam a maneira como a organização irá agir com seus públicos e com o ambiente externo.

Enquanto a cultura organizacional é o modo de ação (e o "pensamento" incutido) de uma organização, o clima organizacional é um estado transitório, a maneira como os funcionários a percebem, levando em consideração suas crenças, valores e história pessoal.

Também existem as subculturas, grupos que se identificam graças a características comuns, poderes informais, questões não verbalizadas, ação em conformidade com costumes, líderes informais e grupos de referência.

O relacionamento organizacional também pode, esquematicamente, ser atendido por quatro táticas (ou técnicas):

1 **Relações com o público interno:** o interesse do público interno, por exemplo, nem sempre se coaduna com os interesses dos investidores (um público-chave crucial no caso das sociedades anônimas). Como já mencionado, os mesmos processos de *downsizing* amargados por populações de comunidades inteiras por causa do desemprego, são "aplaudidos" pelo "mercado" em virtude de cotações ascendentes em bolsas de valores.

Tratar de grandes questões corporativas – como a instalação ou o fechamento de uma unidade fabril, um processo que resultará em demissões, ou a fusão com/compra de um antigo concorrente – perante públicos diversos, mantendo a voz uníssona junto aos colaboradores e a imagem pública da empresa, não é algo apropriado a improvisos.

Fora do Brasil, a utilização de instrumentos de marketing (pesquisas, promoções de incentivo, veículos de comunicação dirigida) junto ao público interno das organizações tem outra definição e conta com uma série de autores e pesquisadores, sobretudo na área da Psicologia Organizacional: *Internal Marketing Orientation*.

Segundo Alvaro Magalhães, que defendeu brilhante dissertação de mestrado sobre o tema na Universidade Gama Filho, no departamento de Psicologia Social (*vide* referência neste livro), "o conceito de orientação para o mercado interno operacionaliza-se pelo emprego das ferramentas comuns de marketing (pesquisa de opinião, posicionamento, construção de plataforma conceitual, preparação de peças comunicacionais, ações de campo, pesquisa de *recall*), com o objetivo de satisfazer as necessidades e os desejos do público interno da organização".

Já para Paulo Clemen, em pesquisa da Casa do Cliente feita em parceria com a ABRH sobre comunicação interna:

⇒ A comunicação interna é a base da comunicação integrada;

⇒ Liderança requer boa comunicação;

⇒ Processos exigem boa comunicação;

⇒ Governança exige boa comunicação;

⇒ A comunicação interna é base da reputação.

E os cuidados que se deve tomar com a comunicação interna? Recomenda-se:

⇒ A organização deve assegurar-se de que está levando a mesma mensagem para todos os públicos;

⇒ A influência da comunicação informal é muitas vezes subestimada;

⇒ O mais desafiador stakeholder é aquele que pensamos mais conhecido: o público interno.

Outros achados da pesquisa:

⇒ 88% das empresas consideram a comunicação interna extremamente importante;

⇒ 44% das empresas delegam a comunicação interna à área de Recursos Humanos;

⇒ 42% consideram "objetiva" a comunicação de sua empresa;

⇒ 21% consideram-na "multidirecional" (ou seja, dando "tiros" para todos os lados);

⇒ 18% consideram-na como um turbilhão (muita comunicação mas pouca informação);

⇒ 10% consideram-na "perdida" (não há endereçados próprios – quem quer falar a "todo mundo" fala com ninguém);

⇒ 8% acham-na uma comunicação tipo "boca no trombone" (todos falam e ninguém se entende).

Moral da história: nada se deve fazer em termos de comunicação com públicos externos que não passe primeiro pelo crivo dos colaboradores, internamente. Já devíamos estar cansados de ouvir lamentos tipo "mesmo sendo parte da organização, fiquei sabendo do lançamento do novo produto pela mídia...".

2. **Atendimento ao público (externo) – cliente, usuário, cidadão:** no Brasil, a criação do Código de Defesa do Consumidor (CDC), Lei Nº. 8078, de 11/09/1990, inaugurou um novo tempo para as empresas. Se antes eram comuns os casos de insatisfação com produtos e serviços sem que houvesse reparação a um cliente que se sentisse lesado, a partir do CDC houve a disseminação de uma cultura voltada para a clientela. O antigo mandamento de marketing "o cliente é rei" extrapolou as estruturas comerciais e passou a fazer parte do posicionamento institucional de empresas, entes governamentais e do também então nascente terceiro setor brasileiro.

Segundo Mourad e Paraskevopoulos, a preocupação com os clientes, usuários e consumidores passa a ser, para as sociedades de capital aberto, preocupadas com sua imagem pública, algo crucial. Os próprios ditâmes de reporte financeiro do IFRS (International Finance Reporting Standards) dispõem:

> Relacionamento com clientes
>
> O relacionamento com clientes *(Customer Relationship Asset)* é um ativo intangível identificável quando uma entidade gerencia o seu negócio utilizando uma área central de vendas ou *Call Center*, cujo

modelo de negócio inclui direitos de renovação e diversas oportunidades de vendas de produtos para os clientes existentes na data de uma combinação de negócios.

Esse ativo representa o valor esperado dos benefícios econômicos provenientes dos negócios futuros de clientes existentes na data da combinação de negócios que fluirão para a entidade compradora.

A mensuração de um ativo intangível com confiabilidade é um dos requisitos mínimos para o reconhecimento de um ativo intangível.

Caso tal ativo intangível não possa ser avaliado com confiabilidade, esse valor estará implícito no ágio e não será identificado separadamente como um ativo intangível na data da combinação de negócios.

Os relacionamentos com clientes também incluem os benefícios econômicos por meio da prestação de serviços de gestão de ativos de fundos de investimento de clientes.

Segundo Philip Kotler (2000), as características do bom atendimento são:

⇒ concentração nos clientes e parceiros, em vez de nos produtos;

⇒ preocupação com a retenção e o cultivo de clientes existentes, além da conquista de novos clientes;

⇒ mais confiança no trabalho de equipes interdisciplinares do que nas atividades de departamentos isolados;

⇒ ouvir e aprender mais do que falar e ensinar.

O bom atendimento ao público é importante porque conquistar clientes custa mais caro do que mantê-los.

É preciso investir com constância para atrair sua atenção e, também, um grande esforço para manter sua confiança.

O consumidor

O consumidor confia em quem o respeita, e esse respeito é a principal forma de valorizá-lo. Assim, a organização, além de primar pela qualidade dos seus produtos/serviços, deve portar-se como cidadã consciente de suas responsabilidades civis e sociais no relacionamento com sua clientela.

Do ponto de vista mercadológico, existe uma justificativa para o investimento em relações com os clientes, visto que, conhecendo-os bem, podem ser melhor identificadas suas necessidades com vistas a um direcionamento da produção e da oferta de serviços na medida do necessário e de acordo com as expectativas. Além disso, o cliente satisfeito se mantém fiel e ainda faz a valiosa divulgação boca a boca.

NOUTRAS PALAVRAS

Orientação para o cliente

Trata-se do princípio dominante do marketing de relacionamento, ou seja, a identificação das necessidades específicas de cada cliente e seu atendimento.

Uma empresa orientada para os clientes tem que saber do que eles precisam, de forma a projetar os produtos e serviços que vão ao encontro das suas necessidades. Para isso, a empresa deve "ouvi-los".

Toda a empresa deve "pensar" nos clientes.

Esse "pensamento", essa "filosofia", segundo Peter Drucker, precisa estar disseminada na própria cultura da organização, em todos os seus departamentos e não só no "departamento de marketing" ou de vendas.

Quando uma empresa é orientada para os clientes, tem muito cuidado com a contratação das pessoas que irão prestar serviço para eles. É necessário passar por um treinamento continuado, pois o serviço apresenta-se como um diferencial em tempos de produtos tão similares.

Uma organização deve cuidar bem de todos os clientes, mas não necessariamente da mesma forma. Existem clientes que são mais importantes, proporcionam maiores lucros à empresa e, por isso, têm que ser tratados de modo diferenciado.

Aquisição e retenção

Os dois grandes objetivos do marketing de relacionamento são adquirir e reter clientes.

Uma empresa pode ter muitos programas para reter clientes, mas isso não impedirá que haja eventuais perdas. A empresa tem que, sempre, tratar de adquirir novos clientes.

As vendas de uma empresa são feitas para dois grupos de clientes, os novos e os já existentes. Como já mencionado, reter clientes é mais fácil do que atrair novos clientes e também é menos custoso.

Clientes existentes têm necessidades que já foram identificadas e satisfeitas com os produtos e serviços da empresa.

Além disso, as empresas devem focalizar sua estratégia de marketing de relacionamento nos segmentos de clientes que são mais rentáveis. Com isso, produzirão maior faturamento e aumentarão a participação frente à concorrência.

Atualmente, as empresas priorizam reter clientes, visto que estratégias de aquisição são muito mais custosas, envolvendo propaganda massiva, eventos e promoções.

A fidelidade do cliente traz benefícios à empresa. Clientes "leais" voltam a comprar produtos e serviços da empresa, defendem e os recomendam junto a seus amigos, prestam menos atenção às marcas concorrentes e compram extensões de linha do produto/serviço. *Vide* as *Fan Pages* no Facebook, o fenômeno "curtir" e a LikeStore – elementos da febre "viral" do testemunhal.

Exemplo de "extensão" de linha: um consumidor do sabonete da marca Dove é, em maior medida que um não-consumidor, potencial comprador do *shampoo* da mesma linha.

3 **Ouvidoria:** algo ainda relativamente pouco estabelecido no Brasil, embora a função de ouvidor remonte ao tempo do Império e a figura sueca do *ombudsman* tenha sido criada no início do século XIX[28].

Trata-se de um elemento atuando em uma estrutura apropriada ao atendimento da clientela, para além das relações quotidianas de consumo.

Convencionou-se entender que o recurso a uma ouvidoria seria aquela "segunda instância" a que um cliente recorreria após não ter sido bem atendido pelo produto/serviço adquirido e pelos sistemas de atendimento ao cliente, ou consumidor (SACs) que o receberiam numa primeira abordagem junto à empresa.

Para o exercício ideal desta atividade, os cargos de ouvidor e de *ombudsman* devem ser imunes a perseguições e sanções internas por escalão superior, sob pena de seu mandato não poder exercer de fato uma advocacia em benefício da parte mais fraca diante das corporações, ou seja, do cliente ou usuário de serviços, do consumidor ou do cidadão contribuinte – este último, quando se tratando de serviços públicos baseados em tarifas e taxas.

A Folha de São Paulo criou tradição estabelecendo, pioneiramente, na década de 1990, o cargo de *ombudsman*. Tal *advogado dos leitores dentro da redação*, exerce sua função por um ano, podendo ser reconduzido por igual período, tem liberdade para criticar, e dá conta de seu trabalho ao leitor, no próprio jornal, uma vez por semana. A FSP permanece só na inovação.

Segundo Alexandre Coimbra, que exerceu a função de ouvidor na Light (Rio de Janeiro) por muitos anos, uma ouvidoria deveria ser criada e tocada com vistas à sua própria extinção.

Em suas próprias palavras: "... é uma função destinada à auto-extinção – se uma ouvidoria funciona, ela deve levar a empresa a melhorar seus processos até o ponto de dispensar os seus próprios serviços".

---

28. O autor ministrou, pioneiramente, a disciplina "Ouvidoria", nos cursos de Administração e de Comunicação da Faculdade Salesiana Maria Auxiliadora, em Macaé, RJ, em 2011.

NOUTRAS PALAVRAS

Uma filosofia de efetivas relações públicas podem contribuir para que o cliente de sua empresa seja ouvido... e atendido. E isto começa num bom SAC (Serviço de Atendimento ao Cliente).

O SAC pode ter duas orientações:

- Orientação mercadológica: aquela que busca atender às necessidades dos clientes por meio de melhorias em produtos e serviços (forma majoritária, preferida pelos profissionais de marketing, e seguindo os preceitos exclusivos de venda e consumo);

- Orientação institucional: aquela que procura estabelecer um canal confiável com os consumidores, mantendo com eles um relacionamento que não significa, necessariamente, somente venda ou consumo, mas *relacionamento*.

A segunda orientação, infelizmente em uso na minoria das organizações brasileiras, está mais baseada em um relacionamento "pessoa a pessoa", utilizando pessoal qualificado e próprio da organização.

A primeira, ao contrário, baseia-se na terceirização e na massificação das centrais de teleatendimento.

Segundo Valéria Castro, professora e pesquisadora da ECA/USP, para que o SAC seja uma função efetiva de relações públicas, "precisa haver uma orientação institucional, ou seja, objetivar-se um bom relacionamento entre empresa e cliente, independente de faturamento".

As finalidades do SAC são: conciliar interesses, aumentar o conhecimento da organização sobre o índice de satisfação do cliente com produtos e serviços e manter "comunicação de mão-dupla".

Já as finalidades do trabalho de relações públicas são: mediar relacionamentos diversos a partir de estratégias e técnicas de comunicação, antecipar contingências e informar a organização sobre tendências do ambiente externo, numa filosofia permanente de *prestação de contas*.

Num contexto ideal, deveria tentar-se conciliar, nos SACs, ambas as visões: a de marketing e a de relações públicas.

4 **Mediação de conflitos:** prática quase inexistente como tática de relações públicas no Brasil, a mediação de conflitos ou a negociação entre partes fora do ambiente da Justiça é, no exterior, algo muito difundido. E precede os processos de arbitragem; estes mais afeitos à ação de advogados.

Trata-se de tentar estabelecer diálogo entre partes que se tornam antagônicas por circunstâncias eventuais advindas de operações corriqueiras. Exemplo: no decorrer de uma construção civil, uma dada empresa afeta o abastecimento regular de água ou de energia de um bairro inteiro. Tal empresa há que estender pontes de entendimento em direção à comunidade circunvizinha ao seu canteiro de obras.

Tenha-se em mente os enormes desafios sociais que uma mineradora, noutro exemplo, assume pelo simples fato de tocar suas operações corriqueiras – algo reconhecidamente daninho ao meio ambiente.

E não menos importante do que nas empresas privadas, na administração pública, compreender e comunicar-se com os diversos públicos sobre os já citados *public affairs* vai muito além das questões típicas da burocracia governamental.

Tais questões entrelaçam todos os demais aspectos da vida pública da pessoa jurídica. Para mencionar apenas dois desses aspectos mais gerais, basta considerar os relativos aos direitos da cidadania e aqueles relativos meramente ao conviver, às posturas, ao compartilhamento da vida em espaços comuns.[29]

A comunidade circunvizinha

Por comunidade circunvizinha entende-se o grupo próximo, localizado na área de entorno geográfico da organização.

Primeiramente, a comunidade não deve sofrer com danos ambientais causados pelas atividades da organização.

---

29. Para aprofundar análise da vida urbana: PAULA, João Antônio de. O urbano como projeto, como crise e como promessa emancipatória. Síntese. Revista de Filosofia, Belo Horizonte, v. 33, nº 106, p. 247-271, 2006.

Se a atividade-fim envolve exploração de recursos naturais, como a extração de petróleo, por exemplo, esta relação será mais delicada, demandando maior atenção e investimentos diretos.

Este segmento de público deve sentir-se "próximo" da empresa para que, em momentos de crise, torne-se um aliado.

Para tanto, a organização pode (e deve) ter integrantes da comunidade em seu quadro de funcionários, além de promover atividades como campanhas de utilidade pública, concursos e prêmios, filmes e palestras, programas de visitação, patrocínio e apoio a eventos e atividades comunitárias.

A negociação é a mais clássica forma de relacionamento entre pessoas, entre organizações e entre nações. A escolha civilizada é a via diplomática.

Pense o relações-públicas como um "diplomata doméstico".

A diplomacia é a via do diálogo, do entendimento e da busca da harmonia possível entre vizinhos, entre concorrentes, correntes partidárias distintas, comunidades de diferentes etnias e orientações religiosas.

NOUTRAS PALAVRAS

O perfil de negociador do relações-públicas cabe muito bem nessas circunstâncias. Nenhuma outra formação está tão equipada para, antes de tratativas legais ou judiciais, fornecer à alta administração uma contribuição calcada na busca do diálogo e de soluções de sinergia e integração, interna e externamente – e sempre visando o resultado geral benéfico para a organização e seu entorno.

Instrumentos aproximativos de comunicação são os mais úteis no relacionamento com comunidades circunvizinhas: entrevistas, reuniões, visitas e audiências públicas.

O pior que pode acontecer a uma organização é ela ser considerada uma intrusa pelos habitantes de seu entorno; alguém que não os emprega, não os beneficia e não se comunica com eles.

III) RELEVÂNCIA - ESTRATÉGIAS

No contexto da RELEVÂNCIA de um negócio, causa ou organização em um segmento do mercado, pode-se lançar mão de duas estratégias, igualmente: *Lobbying* e Marketing Social.

Lobbying

Termo que designa a atividade exercida junto a parlamentares com o objetivo de influenciá-los diante de uma votação legal. Os grupos de pressão organizam-se em torno de seus interesses e contratam profissionais que desenvolvem, junto a congressistas, atividades de esclarecimento e convencimento com o fim de defender os pontos-de-vista de seus clientes.

No Congresso dos Estados Unidos, por exemplo, a atidade é regulamentada. Todo e qualquer "lobista" precisa credenciar-se para frequentar corredores e gabinetes do parlamento no exercício legítimo do também dito *lobby* (pelo fato de que essas conversas têm lugar muitas vezes no *lobby* ou *hall* principal) dos prédios públicos.

No Brasil, apesar de já haver projetos em discussão no Congresso Nacional, a atividade não é regulamentada, o que faz com que o termo seja usado majoritariamente com sentido pejorativo, aliado a práticas políticas e comerciais excusas ou, ainda, ao mero tráfico de influência.

Marketing Social

Philip Kotler é também referência de pioneirismo nesta especialidade do marketing. Seu livro "Marketing social: estratégias para alterar o comportamento do público" data de 1971, e vale a pena a leitura.

A especialidade surge normalmente relacionada a iniciativas que tenham apelo e aplicação social, tais como campanhas de saúde pública, de alistamento eleitoral e militar.

A prática é relativamente pouco explorada no Brasil. Algumas campanhas recentes, tais como a PARADA, sobre acidentes de trânsito, e as que defenderam o "sim" e o "não" ao desarmamento da população, além das rotineiras campanhas de vacinação e pelo uso de preservativos (sempre na época do Carnaval) reavivam o uso do marketing social.

O caso do apoio da Avon Cosméticos à iniciativa de detecção precoce do câncer de mama ("Projeto Avon"), premiada pela Aberje (Associação Brasileira de Comunicação Empresarial), é exemplo muito bem sucedido de programa de responsabilidade social empresarial.

Todo o movimento, aliás, obtido pela Avon e por outros atores relacionados à prevenção do câncer de mama, estabeleceu uma série de "pan-eventos" e iniciativas – muitas vezes voluntárias e sob os auspícios de cada um desses atores sociais, cujo acontecimento "combinado" ganhou a disseminada alcunha de "outubro rosa".

NOUTRAS PALAVRAS

"O profissional de marketing social, contrariamente a seu colega do marketing de negócios, não está a serviço do senhor e sim do escravo. O marketing clássico utiliza a ótica, e seus problemas de convergência, como analogia. Assim, para a contribuição do marketing social, utilizamos o mesmo referencial: lembremo-nos de que o homem inventou a 'prótese para ler' antes da luneta, e a luneta astronômica (de imagens invertidas), antes da luneta terrestre. É da responsabilidade do marketing social utilizar a lógica das lentes de correção progressiva, adaptativas às distâncias, em função dos focos essenciais: sociais".

> "Se os sabonetes mereceram tratamento 'profissional' durante tanto tempo, o marketing social deve assegurar este tratamento a valores éticos do desenvolvimento, a saber: solidariedade, universalidade, humanidade. O marketing social parte de uma realidade que o marketing convencional, 'de negócios', contribuiu para agudizar em nossa sociedade, qual seja a de nos transformar em estrangeiros em nosso próprio país: ricos que não se reconhecem num país de pobres; pobres incapazes de se admitirem como pessoas".

Fonte: Luiz Estevam Lopes Gonçalves, cuja dissertação de mestrado encontra-se disponível *online* na base de dados da instituição[30].

Para obter Relevância em seu segmento ou nicho de mercado, um prestador de serviços ou uma empresa, em qualquer ramo de atividade, ou de qualquer porte, pode lançar mão de quatro táticas.

Relevância - Táticas

Um indivíduo ou organização, num determinado momento e contexto, ter relevância, é "retrato instantâneo" de sua imagem institucional num dado segmento ou "nicho".

E fruto, principalmente, das atitudes que permitem "clicar" tal imagem, obtendo, perante o público, a certa dose de distinção em relação à "mesmice" do mercado.

Praticar relações públicas plenas – para destacar-se – tornou-se algo central no cenário complexo da sociedade hiperindustrial (categoria proposta por Bernard Stiegler em artigo de 2010).[31]

---

30. GONÇALVES, Luiz Estevam Lopes. Marketing social: a ótica, a ética e sua contribuição para o desenvolvimento da sociedade brasileira. Dissertação de mestrado. EBAP/FGV. 1991. P. 528 e 530.
31. STIEGLER, Bernard. In www.marketing-e-cultura.com.br/Clipping/02/01/2010.

Uma vez obtida, relevância será algo que se manterá com, além de atitudes, relações públicas cuidadosamente planejadas. Destacar-se na paisagem, tornar-se diferente, distinto, acima da concorrência, exigirá esforços consideráveis e permanentes.

A pergunta-chave é: o que fazer para se diferenciar?

Para diferenciar-se é preciso buscar, perenemente, uma característica própria. Tal busca de relevo não é fácil. Dificilmente se faz de maneira automática, não vem naturalmente. É algo tão penoso e recompensador quanto os processos terapêuticos. Aí, então, entre outros consultores externos, relações-públicas têm muito a contribuir.

O marketing, por sua vez, entra com as ferramentas de criação e fortalecimento de marcas. E as relações públicas? Como processo contínuo e função permanente, responsabilizando-se pela manutenção de marcas institucionais (RIES & RIES[32]) e mesmo de produtos e serviços. Para Kotler[33], tal função é, aliás, "relações públicas de produtos").

A relevância pode ser obtida com a adoção das seguintes quatro práticas: pesquisa de opinião, patrocínios, realização de eventos e marketing social.

1. **Pesquisa de opinião:** no Brasil, o estatuto acadêmico da área de relações públicas ampliou muito o seu espectro de abrangência. Se nos Estados Unidos, onde nasceu a atividade, fazer relações públicas significa estabelecer e manter relações com a imprensa; no Brasil, desde a regulamentação da profissão e a criação dos primeiros cursos universitários, a área abrangeu outras funções, tais como o planejamento e a produção de eventos, a comunicação interna e, entre outras detalhadas neste ensaio, a pesquisa de opinião pública.

---

32. RIES, Al e RIES, Laura. The fall of advertising and the rise of public relations. New York: Harper Business, 2002.
33. KOTLER, Philip. Administração de marketing. 4ª edição. São Paulo: Atlas, 1996, p. 583.

Conhecer o pensamento da chamada "opinião pública", ou pelo menos de um determinado segmento desta, é fundamental para organizações que intentem oferecer algum produto, ou serviço, ou mesmo um discurso novo no mercado.

A área de marketing conhece bem uma prática análoga, a pesquisa de mercado. Quando se trata, no entanto, de ideias, causas, eleições, a denominação "pesquisa de opinião pública" ainda é a mais consagrada.

Recorramos mais uma vez a Manoel Maria de Vasconcellos, pioneiro do marketing e das relações públicas no Brasil, para demonstrar a anterioridade necessária da ausculta do público em relação a qualquer intervenção no mercado ou na sociedade.

O autor, como participante do grupo reunido na FGV do Rio de Janeiro, na década de 1950, justamente para analisar a "tropicalização" do termo "marketing ", traduziu a expressão *"marketing concept"* como "produzir o que vende em vez de vender o que se produz"[34]. "Nada se faz em marketing sem pesquisa", ainda ensinou o mestre na mesma obra. A máxima se aplica inteiramente às relações públicas.

Artur da Távola, jornalista e senador pelo Rio de Janeiro, falecido em 2008, provocava leitores e seus colegas jornalistas, dizendo que "não existe opinião pública. O que existe é a opinião de quem publica".

"Fatia" de clientes *versus* "fatia" de mercado

Hoje em dia, trabalha-se com o conceito de "fatia de clientes" e não mais só com "fatias de mercado".

O que é isso?

Nos primórdios do marketing tal qual o conhecemos hoje, nas décadas de 1950 e 1960, as empresas estudavam as populações dividindo-as geograficamente, por idade, sexo, renda e ocupação genérica.

---

34. VASCONCELLOS, Manoel Maria de. Marketing básico. Rio de Janeiro: Conceito Editorial, 2006.

Assim, sabia-se, por exemplo, que determinado bairro possuía uma população de 5.000 habitantes, com 60% de população adulta (maior de 18 anos), dos quais 55% eram homens e 45% mulheres.

Considerava-se que todos os homens "trabalhavam fora" e que as mulheres eram "donas de casa".

Por décadas, muitos produtos e serviços construíram sua imagem levando em conta justamente as mulheres que ficavam em casa e os maridos que saíam diariamente para trabalhar, voltando ao fim do dia.

A própria programação de rádio e televisão baseava-se nisso: o rádio apresentava uma programação voltada para a mulher e propunha-se a "fazer companhia a ela durante o dia".

A televisão apresentava os telejornais no início da noite – quando supostamente os maridos chegavam em casa e, depois, ofereciam programação de entretenimento para toda a família (telenovelas, seriados, programas de auditório e filmes).

Há ainda muitos desses elementos convivendo com a mudança de hábitos que afeta a sociedade nesse novo século, mas as empresas sofisticaram – e muito – o que passou a chamar-se de segmentação de mercado.

Atualmente as empresas conhecem bem cada nicho social (grupos de pessoas) em que lhes interessa atingir. O segmento de público é também tratado como "fatia de mercado".

Hoje, inclusive, já se segmenta o próprio segmento, obtendo-se "fragmentos de público" – grupos menores com interesses bastante específicos.

Quando a empresa diz que quer aumentar a fatia de mercado, quer dizer que terá que vender a maior quantidade possível do seus produtos ao maior número possível de clientes.

Diferentemente, na abordagem "fatia de clientes", a empresa conhece cada cliente que tem e procura aumentar o volume de compras de cada um.

É uma técnica mais avançada e depende de um relacionamento já aprofundado com o consumidor.

2 Patrocínio: prática cada vez mais adotada pelas organizações. Trata-se de financiar iniciativas de terceiros, dando-lhes viabilidade e aproveitando a visibilidade que elas proporcionam.

Em marketing cultural, tal pratica pode ser definida como "marketing cultural de meio", ou seja, a viabilização físico-financeira de iniciativas artístico-culturais como meio de promoção da marca patrocinadora.

Exemplos: Rock in Rio, evento da empresa Dream Factory, e os festivais de jazz produzidos pela produtora Dueto – antes patrocinados pelos cigarros Free –, agora bancados pela automobilística BMW *(BMW Jazz Festival)*.

Um primeiro mandamento é adequar integralmente a atividade patrocinada à empresa patrocinadora. Patrocínios "avulsos", eventuais, sem uma linha de coerência que relacione o público da marca patrocinadora com o da iniciativa escolhida é perda certa de recursos.

Um segundo mandamento é a chamada "ativação" do patrocínio. Prática ma

É muito comum que empresas patrocinadoras entreguem às produtoras toda a responsabilidade pelo alcance comunicacional, ou seja, pela visibilidade atingida por uma ação patrocinada.

Trata-se de um erro tático imperdoável. Inúmeras pesquisas já demonstraram que, para além dos recursos e tarefas de promoção e divulgação entregues às produtoras, os patrocinadores devem destinar às ações outros recursos a título de ativação do patrocínio, fazendo anúncios do patrocínio e ações de *sampling* e *merchandising*, tais como degustação e fornecimento exclusivo de produtos e serviços durante a ação patrocinada.

NOUTRAS PALAVRAS

"Se você não tem recurso para ativar o patrocínio, talvez nem deva contratá-lo.

Pesquisas levadas a efeito pelo 'circo' da Fórmula 1 e pelo futebol inglês demonstraram ser adequado, por necessário, destinar três libras de ativação para cada uma libra destinada ao patrocínio".

Fonte: Palestra sobre patrocínios ministrada por Beth Lula, na UERJ, em 2008.

3 **Eventos:** funções tradicionalmente ligadas a relações públicas, o planejamento, a organização e a produção de eventos constituem outro tipo de prática em contínua expansão.

A mais consolidada vertente é a de eventos comerciais, tais como feiras, salões, mostras e convenções, dos quais as empresas tomam parte para marcar sua presença frente aos públicos do setor envolvido.

Exemplos: não há editora que não almeje participar da Feira de Frankfurt, maior evento mundial na área do livro e da leitura.

Igualmente: é impensável que uma montadora automobilística simplesmente não tenha um *stand* nos principais salões de automóvel, ou que a Microsoft esnobe as feiras de Tecnologia da Informação.

Há, além desse tipo de evento organizado por terceiros, a possibilidade de criação de eventos próprios, "de marca". O encontro anual da Berkshire Hathaway, quando Warren Buffett confraterniza com os quotistas de seus fundos de investimento, é um exemplo eloquente dessa prática.

Eventos são situações criadas para colocar pessoas juntas, em contato direto.

Podem ser dirigidos a públicos internos, tais como executivos ou operários em uma grande indústria; ou a públicos externos, tais como revendedores, fornecedores ou varejistas.

> **NOUTRAS PALAVRAS**
>
> O bom evento é aquele que apresenta um planejamento adequado à realidade e que é possível de ser executado, pois está coerente com a proposta econômica.
>
> Num campo altamente competitivo, o bom evento é aquele que apresenta algum diferencial. Portanto precisamos investir em criatividade, em profissionalismo, em análise de ambiente, em estudo de públicos e em escolha de estratégias adequadas... deve ser dada ênfase especial ao fator antecedência, o cronograma tem importância fundamental como ferramenta de avaliação de viabilidade de todas as tarefas e providências para a concretização do evento.
>
> Cristina Giácomo ("Tudo acaba em festa". Publicado pela Summus Editorial).

4 **Merchandising social:** No Brasil, chama-se *merchandising* social a inserção – intencional, sistemática e com propósitos educativos bem definidos – de questões sociais e mensagens educativas nas tramas e enredos das telenovelas, minisséries e outros programas de TV. Deste modo, o *merchandising* social constitui uma das mais criativas e eficazes modalidades de *entertainment-education* (*edutainment*), estratégia de comunicação para grandes audiências que procura associar propósitos educacionais às atividades e programas de entretenimento, em geral.

O *edutainment* utiliza diferentes meios e suportes, tais como filmes e vídeos, músicas, peças de teatro, dramatizações em rádio e TV, artes plásticas, revistas em quadrinhos e outros.

Enquanto estratégia de mudança de atitudes e adoção de novos comportamentos, o *merchandising* social é instrumento dos mais eficazes, tanto pelas grandes audiências que atinge quanto pela maneira lúdica como demonstra a efetividade das novas condutas disseminadas. Os resultados alcançados até o momento confirmam ser esta uma das mais eficazes, eficientes e efetivas estratégias de marketing social.

Na TV, no cinema e, em menor escala, no teatro, as questões sociais abordadas mostram-se, aos espectadores, como parte integrante do enredo de telenovelas, minisséries, filmes de ficção e peças teatrais, respectivamente, pois aparecem associadas, de forma positiva e educativa, aos diversos personagens e conflitos presentes nas diferentes histórias que se desenvolvem.

Deste modo, personagens (e os atores/atrizes que os encarnam) atuam como porta-vozes dos conceitos, atitudes e comportamentos que, por seu intermédio, vão sendo promovidos.

Assim, à simpatia (ou antipatia) que os personagens despertam no grande público, associam-se a fama, o carisma e a credibilidade dos atores e atrizes que os representam.

Tal técnica cria, evidentemente, uma situação bastante propícia para a compreensão, aceitação e adoção consciente das novas atitudes, comportamentos e práticas disseminadas.

Criado e executado pela Comunicarte, em aliança social estratégica com a Rede Globo de Televisão, o *merchandising* social propicia informações úteis e práticas a milhões de pessoas simultaneamente, de maneira clara, objetiva, problematizadora e lúdica.

Desde que iniciou as atividades nesse campo, em 1990, a Comunicarte já atuou junto à produção de 72 telenovelas minisséries, totalizando mais de 9.500 horas de programação.

Estima-se que tenha influído, diretamente, em mais de 8.000 cenas educativas sobre sexualidade e saúde reprodutiva, relações de gênero, direitos dos idosos, crianças e adolescentes, educação, protagonismo juvenil, prevenção às drogas, preservação ambiental e promoção ao voluntariado social, entre muitos outros temas.

(Fonte: www.COMUNICARTE.com.br - acessado em 10/03/2013)

IV) REPUTAÇÃO - ESTRATÉGIAS

No contexto de uma REPUTAÇÃO administrada, um indivíduo, causa ou organização podem lançar mão de duas estratégias: *Accountability* e Memória de Empresa.

Accountability (Responsabilidade Civil + Responsabilidade Social = "Responsividade")

Termo do idioma inglês que não ganhou uma tradução no Brasil, assim como *marketing*. Surge no contexto da governança corporativa, com os mandamentos de transparência e responsabilidade de prestar satisfações públicas e traz em si, juntos, dois conceitos: a capacidade de resposta *(answerability)* e capacidade de punição *(enforcement)*. O primeiro diz respeito à obrigação dos órgãos que prestam serviços públicos de informar e explicar seus atos. O segundo, à faculdade que organismos de regulação têm de impor sanções e perda de poder àqueles que violem seus deveres públicos. Agências reguladoras, por exemplo, têm tal missão. Elas têm que, ao mesmo tempo, significar governança de Estado (não de governo, pois seus membros não devem se subordinar aos mandatários da hora) junto aos *players* dos setores que regulam (telecomunicações, energia, água, aviação, transportes, saúde pública, planos de seguro-saúde e moeda em circulação) e, ao mesmo tempo, fazer a defesa e a representação dos usuários desses mesmos serviços públicos, sobretudo quando prestados por empresas privadas (no caso, sob a concessão do Estado).

Exemplos brasileiros: ANA (Agência Nacional de Águas), ANAC (Agência Nacional de Aviação Civil), ANS (Agência Nacional de Saúde Suplementar), ANATEL (Agência Nacional de Telecomunicações), ANEEL (Agência Nacional de Energia Elétrica), ANTT (Agência Nacional de Transportes Terrestres), ANVISA (Agência Nacional de Vigilância Sanitária), BACEN (Banco Central do Brasil). Exemplos estadunidenses que constituem *benchmarking*, ou seja, exemplos a serem seguidos: *DEA (Drugs Enforcement Agency)*, *FAA (Federal Aviation Administration)*, *FCC (Federal Communications Commission)*, *FDA (Food and Drug Administration)*, *NASA (National Aeronautics and Space Administration)*, *NEA (National Endowments for the Arts)*, *SEC* (Security Exchange Comission).

Para mais, *vide* verbete Cidadania Corporativa.

Memória de Empresa

(Fonte: ZANUSO, Claudia C. e VERNALHA, Suzana Mara de C. Artigo publicado em rrpp.com.br)

Em tempos de mundo globalizado, competitivo e dinâmico, a comunicação tem cada vez mais o papel de estabelecer e aprimorar relacionamentos, ampliar diálogos e atrair públicos de interesse.

A comunicação corretamente planejada e executada torna uma organização mais transparente, característica imprescindível nos dias atuais para as que buscam ter vida longa e conquistar vitórias nos concorridos mercados.

Por meio da comunicação é possível também conhecer e difundir a história da organização, ampliando a necessária transparência e aproximando-a de seus públicos.

E, mais do que isso: ao difundir as realizações, superações e os sucessos que pontuaram sua trajetória, a organização estará conquistando um importante diferencial de negócio. Sua história, carregada de valores, cultura e identidade a faz única, ímpar.

A busca por diferenciais é o grande desafio atual e depende do empenho profissional em utilizar a comunicação de maneira mais abrangente, com toda a potencialidade de suas ferramentas, o que impõe conhecimento, experiência e uma nova maneira de pensar com flexibilidade e multiplicidade de olhares.

Atuando há anos em planejamento estratégico de comunicação e realizando uma variedade de projetos empresariais nessa área, percebemos o quanto a comunicação pode efetivamente utilizar as histórias como estratégia para compartilhar mensagens, símbolos e significados.

A partir do resgate de fatos históricos relevantes, a organização amplia sua capacidade de informar os públicos e de transmitir-lhes mensagens de cunho emocional a fim de conquistá-los. Com isso valoriza a sua identidade e consolida positivamente imagem e reputação. É sob essa perspectiva que entendemos a relação entre projetos de memória e comunicação organizacional.

Ao falar sobre memória, estamos, portanto, discutindo comunicação. Afinal, é por meio de narrativas compostas por imagens ou textos – escritos e falados – que compartilhamos a história de nossa vida, família, sociedade e marcas, sejam estas de empresas ou pessoas.

Defendemos que, ao resgatar a história de uma organização, é imprescindível ouvir vários "atores" que estiveram diretamente envolvidos na trajetória, independente de hierarquia ou tipo de relacionamento. É importante ressaltar que não se espera consenso de ideias em um projeto de memória. Várias interpretações de um mesmo fato são comuns e, portanto, não há certo nem errado.

Cada narrativa tem a percepção de seu autor e carrega intrinsecamente as experiências e os significados de sua vivência individual com aquela organização. Por isso, a história será muito mais rica quanto mais se ouvirem pontos de vista variados.

Envolver vários *stakeholders* não é suficiente. É preciso ainda pesquisar documentos, imagens, objetos relacionados à organização, ao seu mercado de atuação, à sociedade em que está inserida e ao período de tempo em que transcorreu sua trajetória.

É, portanto, um trabalho minucioso de busca por informação. Tudo reunido – vozes e dados de pesquisa – teremos múltiplas narrativas que serão a base para a construção de uma única narrativa histórica que representará aquela organização.

A partir disso, é preciso observar que impactos essa história pode repercutir na cultura e no relacionamento com os públicos da organização (no presente) e, ainda, quais são as perspectivas de caminhos para o futuro.

Para construir e manter uma Reputação, uma empresa, em qualquer ramo de atividade, de qualquer porte, ou um indivíduo, devem lançar mão de quatro táticas.

Reputação - Táticas

A reputação de alguém, indivíduo ou organização, é algo que, de certa forma, tende a fugir de planos e programas ligados a comunicação e a marketing. Afinal, a reputação existe como uma imagem consolidada que se forma na mente e se projeta na palavra de quem olha para a organização, percebendo-a. Isto, independente dos esforços de marketing e de relações públicas postos em marcha.

Melhor explicando: mesmo que alguém não seja cliente da Cedae ou da Sabesp – para ficar no mesmo setor do saneamento básico – terá uma ideia sobre a empresa e a expressará em público, no Rio de Janeiro e em São Paulo, respectivamente.

Construir uma reputação é algo que advirá de uma sucessão continuada de atitudes, decisões, comunicações com o público e apoio a projetos de terceiros. Entra aí o conceito de perenidade. E mais: coerência, apego a princípios e a valores consolidados são atributos que corroboram para a construção de uma boa reputação – objetivo de todo e qualquer indivíduo, causa, movimento ou organização.

Decisões tomadas por gestores ao longo de toda a vida de uma organização contribuem para uma boa reputação, inclusive, mas não exclusivamente, aquelas decisões sobre produtos, serviços, enfim, sobre marcas.

É muito mais prudente, pois, que a mesma procure estabelecer parâmetros de predição, prevenção, ação e intervenção eventuais na sociedade, com a atenção devida, bem planejando aonde se quer chegar e como avaliar a que ponto do percurso-alvo se chegou a cada momento/período no tempo.

Vale lembrar que gerir reputação não é o mesmo que gerir marcas *(branding)*. A arquitetura e a manutenção das marcas, que tanto contribuem para o desenvolvimento de uma reputação, por si só, não asseguram a sobrevivência de uma organização.

Nenhum outro perfil, além do relações-públicas, forma-se com a preocupação técnica em torno do tema "reputação". Um relações-públicas bem formado é aquele que foi educado e treinado para bem planejar intervenções sociais e estabelecer políticas, de médio e de longo prazos – para uma organização –, as quais farão a diferença na hora de uma crise. Exemplos: o apoio a ações de cidadania, à educação, ao meio ambiente, à comunidade circunvizinha e à cultura.

A fórmula do *issue management* parece ser, como bem explana Roberto Castro Neves em seu livro "Comunicação empresarial integrada", a melhor tática para a construção de uma reputação.

NOUTRAS PALAVRAS

As empresas estadunidenses consolidaram a função de relações públicas – mormente no nível de vice-presidências – nos anos 1970 e 1980 sob a terminologia de *Public Affairs*, lidando com matérias de "interesse público" e, mais tarde, sob o égide do *Issue Management*, auxiliando a alta gerência a "ler" a conjuntura e a minimizar impactos de crises de imagem pública.

Seu papel mais crítico é desempenhado junto ao Congresso – onde o *lobbying* seja oficial, preferencialmente – representando os interesses não só de empresas ou setores empresariais, mas de consumidores, populações de distritos, associações civis (ONGs) e outros grupos de pressão (*advocacy*).

A reputação é um bem intangível. A chamada "cidadania corporativa" é algo sutil oriundo da forma de conduta adotada por uma organização perante a sociedade.

Uma empresa considerada cidadã, por exemplo, privilegia a responsabilidade socioambiental, preocupando-se com seu entorno local, nacional e global em termos de preservação do meio-ambiente, sustentabilidade econômico-social e filantropia (apoio a projetos ou programas de saúde comunitária, educação, creches e centros de lazer, esportes e cultura).

A construção de uma – boa – reputação conta, permanentemente, com as seguintes quatro táticas: estudo dos públicos, comunicação institucional, divulgação, gestão de crises de imagem pública.

1 Estudo dos públicos: a primeira tarefa a que um relações-públicas se lança numa organização é o estudo de públicos. É preciso conhecer com quem a organização precisa e quer relacionar-se para então preparar-se para uma comunicação efetiva com cada segmento de público envolvido. Trata-se de um diagnóstico necessário para o estabelecimento de um planejamento de ações comunicacionais específicas. Os instrumentos para atingir cada um dos públicos-chave identificados devem ser definidos em etapa posterior, necessariamente.

Classificação de Públicos

Para fins práticos de direcionamento das ações de comunicação, o público em geral é dividido em grupos.

Margarida Kunsch, em seu livro *Planejamento de relações públicas na comunicação integrada* (2003), propõe a seguinte classificação:

⇒ **Público interno:** funcionários, diretores, familiares;

⇒ **Público misto:** revendedores, fornecedores, acionistas;

⇒ **Público externo:** consumidores, imprensa, sindicatos, concorrentes, comunidades, escolas, poderes públicos.

Sob outro enfoque, Lúcia Duarte propõe, em seu artigo "Contribuição para o estudo de públicos de RP", uma outra forma de classificá-los, deixando de lado o critério "geográfico" e considerando a motivação do grupo para relacionar-se com a organização.

A autora justifica:

> "As relações organizacionais estabelecidas com seus públicos foram se tornando mais complexas, se comparadas aos tradicionais modelos de produção e consumo. Essa complexidade deve-se tanto à fragmentação desses públicos e pluralização das relações institucionais como consequência da multiplicação dos canais de informação causada pelo avanço tecnológico, quanto à mundialização da economia, que aponta para uma padronização de comportamentos institucionais em termos globais".

Com base nesses conceitos, Lúcia Duarte propõe a seguinte classificação:

- **Público constitutivo:** sua ação viabiliza a existência da organização, influenciando a produção das atividades-fim. É formado por sócios, acionistas controladores, diretores, funcionários que compõem toda a estruturação da organização;

- **Público colaborativo:** complementa a composição e as atividades da organização. São prestadores de serviço, terceirizados, fornecedores, consultores, distribuidores, representantes de vendas, assistência técnica;

- **Público contributivo:** absorve os resultados das atividades-fim da organização. É constituído por clientes, consumidores, acionistas minoritários, estudantes;

- **Público referencial:** influencia e repercute a organização e seus outros públicos, direta ou indiretamente, e influenciando a opinião pública. Nesse grupo estão governo, imprensa, entidades de classe, sindicatos, ONGs, universidades, concorrentes, famílias dos funcionários.

Incluiríamos, neste quarto segmento, agências reguladoras e Ministério Público.

A proposta de Lúcia Duarte aponta uma nova perspectiva para o estudo dos públicos.

CAPÍTULO 4 - Os 4 Rs das relações públicas plenas | **91**

No entanto, a divisão apresentada por Kunsch ainda é a mais utilizada pelas organizações.

Vale ressaltar que, dependendo da atividade da organização, cada público será considerado em maior ou menor grau de importância.

Segmentação de públicos-alvo:

⇒ segmento de público – parcela de população identificável a partir de determinados critérios socioeconômico-culturais ou de hábitos de consumo. Exemplo: jovens de 18 a 24 anos, residentes no bairro de Copacabana, Rio de Janeiro;

⇒ fragmento de público – parcela de população identificável como parte de um segmento de público, mais restrita em termos de hábitos ou circunstâncias especiais. Exemplo: jovens de 18 a 24 anos, residentes no bairro de Copacabana, Rio de Janeiro, e que assistem "MTV", são assinantes do portal "Terra" na internet e usuários de um plano de saúde como dependentes.

Veículos específicos podem ser desenvolvidos para atingir cada público-alvo. Alguns tipos:

⇒ revistas e *sites* especializados;

⇒ *newsletter*: publicação impressa ou eletrônica, de cunho informativo, emitida por uma organização, remetida a assinantes ou participantes de listas privadas.

NOUTRAS PALAVRAS

Mais sobre públicos:

"[...] a palavra 'público' sugere a imagem de um público, sempre igual, consumindo os serviços pelos quais pagou... ao passo que se sabe muito bem que não existe um público, mas muitos, e o público financiador muitas vezes apenas em parte coincide com o público que consome..." (ETZIONI, p. 129).

> "PETER DRUCKER pergunta: Stanford precisa de alunos. Este é um esforço de marketing. Precisa atrair e manter um corpo docente de primeira, isto é, pessoas que poderiam ir para vinte outras escolas. E precisa desenvolver doadores e levantar recursos. Este também é um esforço de marketing. Você não vê nenhuma diferença entre os três?
>
> PHILIP KOTLER responde: Toda organização está nadando em um mar de públicos. Uma faculdade quer atrair alunos. Também quer atrair recursos de pesquisa do governo e de outras fontes. O problema que o marketing precisa resolver é: como obter a reação que desejo? A resposta que o marketing dá é que você precisa formular uma oferta para apresentar ao grupo do qual quer uma reação. Chamo o processo de obtenção dessa resposta de 'troca de opiniões'. O que preciso dar para receber? Como posso adicionar valor para a outra parte de forma que adicione valor àquilo que desejo? A reciprocidade e o intercâmbio estão subjacentes ao pensamento de marketing". (DRUCKER, 1990, p. 57)

2 Comunicação institucional: a ideia-força, presente nos pioneiros cursos de relações públicas no Brasil (décadas de 1960 e 1970), era a comunicação institucional. Ao lado da comunicação jornalística e da comunicação publicitária, era aquela porção do discurso organizacional voltada à história da empresa, aos valores compartilhados e a uma fala não-vendedora – todos elementos convergentes para uma reputação administrada –, ficou identificada com uma voz institucional, uma imagem institucional, enfim, uma comunicação institucional. Duas décadas adiante, coube a Margarida Kunsch (1986) posicionar a comunicação institucional como um dos componentes-chave em seu composto da comunicação integrada, ao lado da comunicação mercadológica, da comunicação administrativa e da comunicação interna.

Antes de se fazer comunicação institucional, é necessário um "pensar institucional". Tal desafio coloca-se para além do terreno da semântica, situado em um campo mais filosófico: qual ou quais atributos podem fazer de uma organização – este ente imperfeito formado por imperfeitos homens – uma instituição?

Como fazer com que uma organização encontre-se no mesmo patamar de "verdadeiras" instituições, tanto as platônicas, como a República, a Justiça, a Filantropia; quanto as seculares, como a Academia, a Igreja, o Estado? Na verdade, trata-se de elevar o conceito de uma organização a um nível tão alto que dela não se duvide ou que dela não se espere nunca o desamparo de um empregado ou de um cliente, a sonegação de impostos ou de informação, uma prática desleal ou uma propaganda enganosa.

Campanhas institucionais memoráveis registraram, em nossas mentes, marcas empresariais – e são os melhores exemplos de comunicação institucional bem-sucedida: *"Nike – Just do it"*, *"Volkswagen – Small is beautiful"*, *"It's a SONY"*, "É uma Brastemp", "Se é Bayer e bom", "Bradesco: completo" (e, mais recentemente, "Bradesco: presença", "lado a lado com você" e "agora é BRA").

Boa comunicação institucional, travestida de "marketing cultural" (MACHADO NETO, 2000), é, por exemplo, um monumento construído e doado a cidade. Ou uma orquestra patrocinada – a filarmônica sonhada pela comunidade. Ou, ainda, uma biblioteca "adotada". Foram ações deste tipo que transformaram sobrenomes, nas nações mais desenvolvidas, em verdadeiras instituições: Rockfeller, Ford, Fulbright, Carnegie, Guggenheim, Konrad Adenauer, Calouste Gulbenkian.

No caso do terceiro setor, ou seja, da sociedade civil organizada, a comunicação institucional ganha novo e essencial impulso, visto que ONGs, Oscips, clubes de serviços, sindicatos e federações, associações e fundações pouco mais têm a oferecer que um bom – e convincente – discurso institucional.

Sua matéria-prima é a persuasão, com o objetivo de trazer corações e mentes para suas causas – os profissionais de marketing batizaram esse tipo de ação de **marketing social** ou **marketing de causas sociais** –, aquelas que modificam comportamentos de indivíduos e grupos, organizações e populações.

Para Philip Kotler, com a adoção dos instrumentos de marketing não para fins comerciais, mas, sim, de mudança social: "o resultado não é um par de sapatos vendido, mas um cidadão mudado". As organizações da sociedade civil constituem, atualmente, o segmento que mais cresce no uso da comunicação institucional e na demanda por genuínas relações públicas.

Todo um trabalho de comunicação institucional, integrado à comunicação mercadológica e, principalmente, à comunicação interna, **se bem conduzido**, a partir de um bom briefing, **consistente** com os valores esposados pelos fundadores ou gestores e corpo funcional, **alinhados** com missão, visão e posicionamento mercadológico da organização, e **contando com fornecedores** de serviços bem preparados, ao lado de uma **equipe motivada**, é o que pode levar a **resultados superiores** em termos de **valorização de uma marca** nesses tempos atuais de verdadeira "comoditização" de produtos e serviços, quando todos os concorrentes parecem iguais em termos de qualidade e especificações e tão parelhos em termos de preço e distribuição.

3 Divulgação: a divulgação (publicity) é a atividade de relações públicas por excelência, desde o seu nascedouro, com o então ex-jornalista Ivy Lee – em 1906 – nos Estados Unidos.

Trata-se da obtenção da chamada "mídia espontânea", ou seja, a inserção nominal de um indivíduo ou de uma organização no noticiário, na porção editorial, em espaço não-publicitário (não-pago), da imprensa.

É um trabalho realizado por relações-públicas e jornalistas (atuando fora dos veículos de comunicação, bem entendido) na obtenção de espaço eventual e, no limite do êxito, na consolidação de seus clientes, pessoas físicas ou jurídicas, como **fonte** de informações para a imprensa.

Exemplos: sempre que, num órgão de imprensa brasileiro, se precisa de uma opinião na área da saúde pública para ilustrar uma matéria jornalística, certos nomes, como os de Adib Jatene ou Dráuzio Varella, são lembrados.

Igualmente, sempre que se quer ouvir um especialista para opinar sobre as finanças nacionais, lembra-se, nas redações, automaticamente, de ex-ministros da Fazenda, como Maílson da Nóbrega e Delfim Netto, por exemplo; ou Gustavo Loyola e Armínio Fraga, ex-presidentes do Banco Central do Brasil, como fontes de credibilidade suficiente para emitirem uma opinião técnica a serviço de uma matéria noticiosa mais analítica.

Compete à assessoria de imprensa estar atualizada quanto aos interesses de dois entes: seu **cliente** e **redações**, aproveitando eventuais coincidências. Cabe também à assessoria, a sugestão de pautas à mídia e o treinamento *(media training)* do cliente (seja o próprio dono ou de seu representante "porta-voz") que trata diretamente com a imprensa. O auge do trabalho de assessoria de imprensa, termo que se confunde – no mundo todo – com "*public relations*", algo que não se obtém da noite para o dia, é transformar o cliente (organização ou executivo) em fonte que goze de credibilidade junto a veículos de comunicação e, consequentemente, junto ao público leitor/espectador /internauta.

É preciso considerar, ainda, a utilização de informes publicitários, que são inserções pagas produzidas em formato semelhante ao de reportagens e matérias jornalísticas. Por isso recebem a denominação "publi-editorial" e se parecem muito com a categoria dos "infomerciais" (textos que são meio-informe, meio-opinião).

Um título destacado "informe publicitário" deve encabeçar o texto para orientar o leitor de que não se trata de material editorial. A lei das S. A. preconiza a titulação do "box" publicado como FATO RELEVANTE.

NOUTRAS PALAVRAS

"Journalism is printing what someone else does not want printed; everything else is public relations". George Orwell.

Divulgação: um dos meios mais utilizados pelas organizações para se fazerem conhecidas de seus públicos. Dá-se pela chamada "assessoria de imprensa" ou assessoria de relações públicas.

O objetivo dessa assessoria (que também pode ser chamada, genericamente, de "assessoria de comunicação"), é conseguir que matérias de interesse da organização sejam publicadas na imprensa, seja escrita, falada (via rádio ou sistema interno de som), televisada ou digitalizada (quando na internet).

Como funciona?

Uma organização – como, por exemplo, o Banco do Brasil, a Natura ou a Pastoral da Criança – contrata um profissional de comunicação (normalmente um relações-públicas ou um jornalista) que, após estudar e aprofundar-se no conhecimento da organização, passa a gerar textos institucionais com o objetivo principal de divulgar – mediante informações substantivas, preferencialmente – a própria organização.

Tais textos são usados quando da necessidade de atrair a atenção dos leitores (e ouvintes, telespectadores ou internautas) de determinados veículos de comunicação. Esses veículos podem ser gerais ou especializados (que cobrem áreas específicas, tais como Economia, Política, Artes, Ciências, Esportes etc.).

Sobre fontes

Na imprensa, aliás, é praxe preservar-se a fonte. Preservar do quê? Da exposição pública. Usualmente, pessoas que não querem aparecer ou denunciar publicamente um fato, o fazem baseadas neste princípio do jornalismo. É algo diretamente ligado à ética profissional do repórter (jornalista que se dedica ao levantamento e à apuração dos fatos).

4 **Gestão de crises de imagem pública:** muito se discute, no presente, as chamadas "crises de imagem pública". O tema tem sido objeto de artigos, reportagens, cursos, muito *media training*, o recurso a autoproclamados "gurus" e uma série de outras "fabricações" que, muitas vezes, não vêm ao encontro do benefício real à organização, a qual se encontre vulnerável por um acidente fatal, uma queda repentina no valor de suas ações ou um boato publicado na imprensa com estardalhaço, por exemplo.

Imagem pública é aquilo que é percebido "de fora". É uma espécie de *flash* da reputação – matéria de longo prazo. Deve ser tratada como um ativo. E isto desde os primeiros dias de qualquer empreendimento humano, seja governamental, empresarial ou no âmbito das organizações da sociedade civil. E não esqueçamos as personalidades "públicas": políticos, artistas, dirigentes.

Diferentemente do que ocorre na maioria das crises de imagem pública, quando a organização se vê diante da sanha incansável da imprensa, não se pode viver de expedientes exclusivamente voltados para "apagar incêndios".

Cada vez mais, deve-se trabalhar preventivamente neste campo, construindo genuínas relações com a imprensa ou, genericamente, relacionamento com a mídia.

NOUTRAS PALAVRAS

A imagem que mais se aproxima dessa mecânica é a do "cheque especial".

Quando temos bom histórico num banco, nos são oferecidas contrapartidas e uma delas costuma ser o cheque-garantia, ou cheque especial.

Quando diante de uma necessidade emergencial, é este instrumento que garantirá os nossos pagamentos.

O mesmo acontece com a reputação. Se há um bom limite de crédito, fruto de anos de uma conduta inatacável, ética e construtiva, uma fatalidade levará a organização a "sacar" parte desse "crédito", mantendo-se viva e operante – poderá haver desgaste, mas não a destruição da imagem institucional.

Tal situação de "crédito" é inviável se uma empresa vive "no vermelho" em termos de credibilidade, de crise em crise, pedindo frequentemente a compreensão da opinião pública.

> A TAM, em seu primeiro grande acidente aéreo, com um Fokker 100, em 1996, junto ao aeroporto de Congonhas, em São Paulo, "sacou" de seu imenso fundo de credibilidade junto à sociedade a sobrevivência da companhia – ativo cuidadosamente construído por seu fundador, Rolim Amaro, que, aliás, tomou pessoalmente a frente das tratativas junto aos familiares das vítimas naquela oportunidade.

A dita assessoria "de imprensa", típica jabuticaba (pois que só existe no Brasil sob esta denominação exdrúxula) – em geral contratada externamente, ocasional, de forma terceirizada e complementar – majoritariamente exercida por jornalistas, costuma atuar a contento no segmento "gestão de crises de imagem pública", mas não dá conta do necessário trabalho – contínuo, sistemático, permanente – que exige imersão e vivência diuturna da missão corporativa – algo essencial para construir, manter e desenvolver uma reputação.

Em um ambiente de alta proliferação – e alto poder – das assessorias de imprensa, corre-se o risco do enfraquecimento do Jornalismo autêntico e da Imprensa como instituição.

As contingências econômico-financeiras que reduzem redações, precarizam o trabalho profissional do jornalista, "empurrando-o" a empreender com base na moeda do tráfico de influência e do acesso a colegas posicionados nos veículos, acabam por criar um ambiente promíscuo – não definido como tal por lei restritiva à "dupla militância" jornalista-RP (como acontece em Portugal, por exemplo) – que só debilita a cidadania e, por conseguinte, impondo fraqueza também à democracia.

Não raro, assistimos na mídia a uma verdadeira "guerra de notas", num "jornalismo de assessoria" sem limites. São os "coleguinhas" digladiando-se na rotina de cada dia.

E a crise é tamanha que pode-se supor que, no Brasil, se amanhã houvesse um *lockout* das 25 maiores empresas de assessoria "de imprensa", não teríamos jornais impressos nas bancas depois-de-amanhã, nem telejornais. Talvez somente *algum* rádio e a internet "funcionassem". Algo muito preocupante, julgamos.

NOUTRAS PALAVRAS

Cidadania corporativa é mandamento de relações públicas desde a década de 1950 (CANFIELD)[35]; muito anterior, portanto, à recente consciência quanto à chamada Responsabilidade Social Empresarial.

"Relações públicas, em primeiro lugar, são uma filosofia da administração, uma atitude de espírito que situa os interesses das pessoas acima de todos os assuntos ligados à direção de indústrias ou organizações de serviço social, de bancos, serviços públicos, quaisquer associações profissionais ou empresas comerciais".

"Para que relações públicas sejam eficientes, a administração precisa aceitar sua responsabilidade social. Os líderes de empresas devem compreender que sua função é produzir utilidades para o público (os fregueses, os empregados, e a comunidade), e não apenas dividendos para os acionistas. Se uma organização não for dirigida com consciência social, que permeie os seus setores, relações públicas serão ali pouco mais do que palavras vazias".

---

35. CANFIELD, Bertrand. Relações públicas: princípios, casos e problemas. São Paulo: Pioneira, 1970. P. 5 e 6.

Considerações finais

As organizações brasileiras, já na segunda década deste século XXI, adotam práticas gerenciais avançadas, compatíveis com as boas práticas em vigor nas nações mais desenvolvidas.

A sofisticação dos negócios e a posição de destaque que o país vem assumindo, leva inexoravelmente as organizações a adotarem formas mais sofisticadas de comunicação, para além da propaganda e da assessoria de imprensa. Isto quer dizer que as organizações começam a adotar, em larga escala, as práticas de relações públicas de suas congêneres estrangeiras.

⇒ A primeira atividade que um empresário ou gestor identifica como sendo específica de comunicação é a propaganda – *vide* o ditado popular "a propaganda é a alma do negócio".

Trata-se de um anseio primordial de divulgação para um negócio nascente, ou para um produto/serviço recém-lançado. Muitas organizações passam toda a vida só neste estágio. Suas atividades demandam apenas a comunicação mercadológica (ou comunicação de marketing), não havendo interesse numa comunicação do tipo institucional.

⇒ O segundo estágio evolutivo, "comunicacionalmente falando" é o da assessoria de imprensa. Quando as ações tradicionais de propaganda (anúncios, ações promocionais, *merchandising*) não mais resultam em destaque para um negócio, uma marca, um produto; o empresário – ou gestor – se dá conta de que anunciar, "mais e mais alto" precisa vir acompanhado de (ou substituído por) uma **presença** no espaço "editorial" dos veículos.

"É preciso que a mídia fale de mim, de minha empresa, de minha proposta. A presença da minha propaganda é igual à da concorrência. Não há diferenciação". E acrescente-se: o público "foge" da propaganda, num efeito *zapping* cada vez mais rápido e radical – num *click*. Igualmente ao primeiro estágio, muitas organizações param por aí e contentam-se em se tornar "fontes" – elas próprias e seus executivos – para a mídia, uma prática (obtenção de mídia espontânea) bem sucedida de *media relations*.

A lógica, agora, é "mais vale o que falam de mim (na imprensa) do que aquilo que falo de mim mesmo (via propaganda)".

⇒ Há, então, um terceiro estágio evolutivo: quando empresas de um mesmo setor, além de boa presença comercial na mídia e boa interlocução com jornalistas e veículos, **precisam se destacar mais.**

"Deve haver mais o quê fazer para tornar-se distinto dos concorrentes".

Aí é que se chega à demanda por uma "cidadania corporativa". A organização, já cumpridora, bem entendido, de suas obrigações básicas – quanto a impostos, tributos, políticas comerciais e de pessoal justas (*fair policies*) –, quer ou precisa de mais.

E a empresa, então, pode voltar-se para a comunidade de entorno, para a preservação da Natureza, e dedicando-se, além de providências básicas como tratamento de efluentes, por exemplo, a apoiar a cultura, a educação ou a inclusão social – demandas que são da sociedade em geral e para as quais apenas algumas organizações dirigem atenção e ações efetivas.

Neste terceiro "estágio evolutivo" é que as organizações ficam sensíveis ao estabelecimento do que chamamos relações públicas plenas, ou uma visão 360 graus de relações públicas.

NOUTRAS PALAVRAS

Tom Rapp, um dos mais requisitados consultores americanos, autor, entre outras obras, de "Maximarketing – os vencedores", denomina essa fase crítica de "era do rude despertar", quando já não basta anunciar mais e mais alto para ganhar espaço na mente do consumidor.

O marketing, desde a segunda metade dos anos 1990, vem aproximando bastante o seu discurso de conceitos típicos de relações públicas: públicos, em vez de meros segmentos ou "fatias" de consumidores; de relacionamento, em vez da simples venda; de comunicação dirigida, ao invés de comunicação de massa.

Já no início da década de 1970, Al Ries e Jack Trout escreveram em uma das obras capitais do marketing, "Positioning":

> "[...] o approach básico do posicionamento não é criar alguma coisa de novo e diferente, mas manipular o que já está lá dentro da mente, e realinhavar as conexões que já existem. O mercado de hoje não reage mais às estratégias que deram certo no passado. Há produtos demais. Empresas demais. Barulho demais no 'marketing'[...]". Fonte: RIES e TROUT, 1981, p. 4.

Visão de 360 graus: em seu quotidiano, relações-públicas plenos utilizam, por exemplo, a técnica conhecida como *issue management*[36] – um método gerencial de análise de conjuntura que avalia e coteja os fatos internos e externos à organização e suas consequências (de novo, também tanto do ponto de vista interno como externo) – e, nas ocasiões em que se faz necessário, empregam o gerenciamento de crises de imagem pública – conjunto de procedimentos previamente estabelecidos para o tratamento de questões que potencialmente possam tornar-se alvos da imprensa.

Exemplos: um desfalque, um vazamento de petróleo ou um acidente com vítimas fatais – situações com grande potencial de desgaste da imagem da empresa responsável frente à opinião pública.

---

36. *Issue management* – tradução do inglês: gerenciamento de questões. Para mais informações sobre a técnica: NEVES, Roberto de Castro. Comunicação empresarial integrada. Rio de Janeiro: Mauad, 2000.

Outra forma de ver a diferença de "estágios evolutivos" em que as organizações se encontram é fazendo uma analogia entre indivíduos e organizações a partir da hierarquia das necessidades humanas de Abraham Maslow (1954).

⇒ Num estágio primário, seriam necessárias uma identidade corporativa e a criação de uma marca, sem o quê, nem sequer se existe como negócio.

⇒ Num estágio secundário, vêm as relações básicas com públicos interno e externo (a quem atender é razão de ser de qualquer organização, por menor porte que tenha o negócio).

⇒ Num estágio terciário, vêm os levantamentos de opinião, patrocínios e eventos (quando a organização já "pensa" em "interferir, de algum modo, na realidade pré-existente de seu entorno").

⇒ Num estágio quaternário, o estudo dos públicos e a divulgação (quando se estabelece uma efetiva troca comunicacional, simbólica, entre organização e seu meio externo mais geral) são cruciais .

⇒ E, num quinto estágio, a comunicação institucional e a gestão de crises, que denominamos de "não-necessidades" (e chamamos assim porque muitas organizações chegam à "idade madura" sem praticar a comunicação institucional. Não por não quererem, mas por, simplesmente, não necessitarem dela.

Vide figura a seguir, adaptada de VASCONCELLOS (2006) por Luis Monteiro.

Muitas empresas, sobretudo no segmento *business-to-business* passam toda uma vida sem qualquer necessidade de "comunicar-se", para além do básico contato com os próprios funcionários, fornecedores e clientes.

São marcas das quais "nunca ouvimos falar".

Considerações Finais | 105

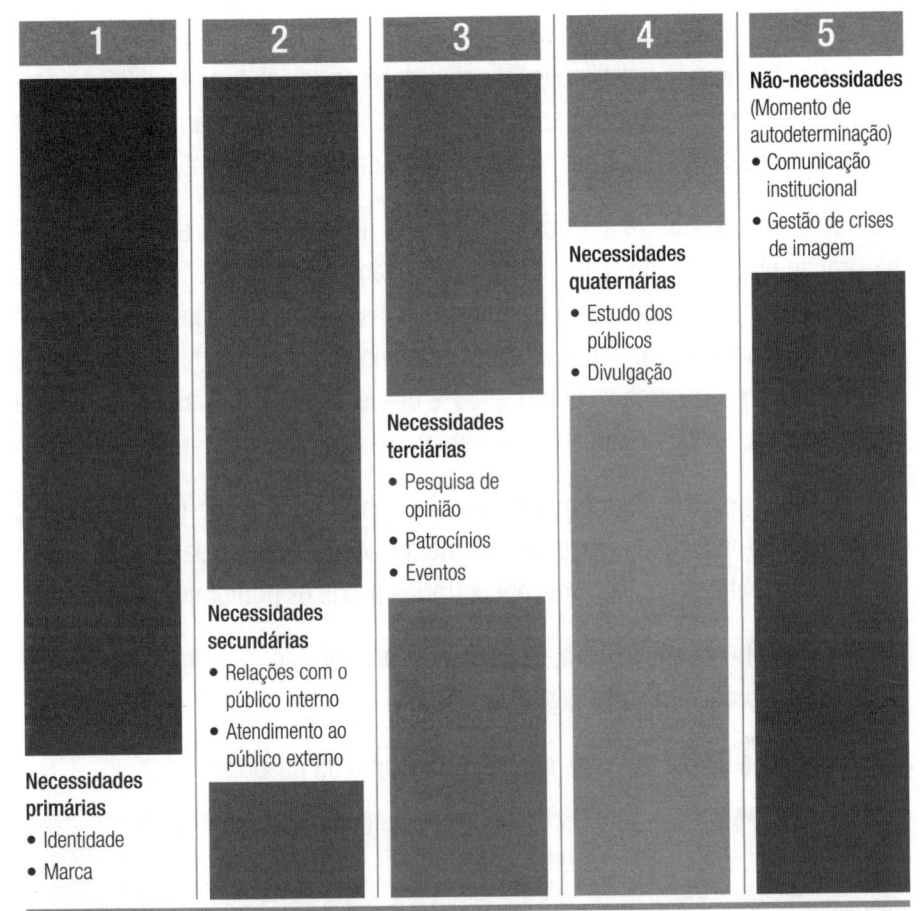

1
Necessidades primárias
- Identidade
- Marca

2
Necessidades secundárias
- Relações com o público interno
- Atendimento ao público externo

3
Necessidades terciárias
- Pesquisa de opinião
- Patrocínios
- Eventos

4
Necessidades quaternárias
- Estudo dos públicos
- Divulgação

5
Não-necessidades
(Momento de autodeterminação)
- Comunicação institucional
- Gestão de crises de imagem

Adaptado da hierarquia das necessidades humanas de Abraham Maslow, 1954.

Uma análise relevante

James Grunig, pesquisador mundialmente respeitado na área de Relações Públicas, publicou, junto com Todd Hunt, o resultado de uma pesquisa conduzida junto à organizações nos Estados Unidos sobre o que chamaram "modelos de relações públicas". É um dos mais ilustrativos estudos já publicados na área de Relações Públicas. Apesar do tempo decorrido, nossa experiência de mercado provoca-nos a cogitar que, 20 anos depois, os resultados podem, talvez, bem aplicar-se ao ambiente brasileiro.

Encontraram, os pesquisadores, quatro tipos de "relações organização-públicos", concluindo que o mais eficaz, definido como "de relações públicas excelentes", seria aquele em que as empresas mantêm uma troca dita "simétrica" de informações com o público – apenas 15% das empresas estudadas.

Os demais modos de relacionamento seriam: um "primário", de tipo imprensa-propaganda, quando a via de comunicação é de "mão única" (15% das empresas); um segundo grupo de práticas ditas "de informação pública", mais "aberto", digamos assim, em que está a maioria esmagadora das organizações (50% delas); e um terceiro grupo – 20% das empresas – praticantes do que denominaram "modo de duas vias assimétrico".

James Grunig e Todd Hunt chegaram a um quadro-modelo de relacionamento organizações-públicos fazendo o cruzamento dos resultados da pesquisa com as diversas práticas profissionais encontradas desde os primórdios da atividade.

Adicionalmente, quantificaram, no universo pesquisado, que tipo de relações públicas era praticado pelas organizações.

Vide a tabela a seguir, fruto da análise do resumo da pesquisa:

Modelo / Características	De imprensa/ propaganda	De informação pública	De duas vias/ assimétrico	De duas vias/ simétrico
Objetivo	Propaganda	Disseminação da informação	Persuasão científica	Entendimento mútuo
Natureza da comunicação	de uma via; a verdade completa não é essencial	de uma via; a verdade é importante	de duas vias; efeitos desequilibrados	de duas vias; efeitos balanceados
Processo de comunicação	fonte → receptor	fonte → receptor	fonte → receptor ← feedback	grupo → grupo
Natureza da pesquisa	pequena/ porta a porta	pequena, alta legibilidade/ público: leitores	avaliadora de atitudes/ formativa	avaliadora de entendimento/formativa
Figuras históricas principais	Phineas Barnum	Ivy Lee	Edward L. Bernays	Bernays, educadores, líderes profissionais
Onde é praticada atualmente	Esportes, teatro, promoção de produtos	Governos, associações sem fins lucrativos, negócios	Empresas competitivas, agências	Empresas, agências
Percentagem estimada de organizações que o praticam (EUA)	15%	50%	20%	15%

GRUNIG, James e HUNT, Todd. *Managing public relations.* Orlando: HRW, 1984, p. 22.

O modelo possui quatro tipos de relações públicas. Eles foram concebidos a partir dos seguintes **indicadores**:

1 - objetivo da prática;
2 - modelo de comunicação utilizado;
3 - natureza da comunicação;
4 - tipo de pesquisa utilizada;
5 - figuras históricas que se relacionam a essa prática;
6 - organizações que praticam cada um desses tipos de relações públicas;
7 - percentual de organizações que praticam cada um desses tipos.

O modelo descreve diferentes tipos/níveis de relações públicas. No entanto, nem todas as organizações praticam as relações públicas relacionadas.

Deve-se ressaltar que o modelo é uma representação da realidade, uma forma de apreendê-la e não sua reprodução fiel. Em campo, é possível encontrar variações de cada tipo apresentado como modelo ou, mesmo, sua aplicação de modo parcial.

O ideal seria o modelo chamado pelos autores de "excelência em relações públicas", ou seja, aquele que estabelece "duas vias simétricas" de comunicação (ou de interação, pode-se dizer) entre a organização e seus públicos (quarto modelo, na última coluna à direita, na tabela).

Além do enfoque estrito do aspecto relacionamento e suas razões e consequências para as organizações, há que se mencionar a função política das relações públicas[37], além do consagrado papel de *media relations* da chamada assessoria de imprensa, bem como os instrumentos utilizados para divulgação *(publicity)*, como *news releases*, *press kits* e outros.

---

37. "A atividade de relações públicas é aqui definida como 'a gestão da função organizacional política', da qual a comunicação faz parte como meio e não fim". SIMÕES, Roberto Porto. Informação, inteligência e utopia: contribuições à teoria de relações públicas. São Paulo: Summus, 2006, p. 13.

NOUTRAS PALAVRAS

Em vez de gastar dezenas de milhares de dólares por mês em um programa de relacionamento com a mídia, procurando convencer um punhado de repórteres selecionados de revistas, jornais e televisão, deveríamos estar direcionando blogueiros, *sites* com notícias *on-line*, micropublicações, palestrantes, analistas e consultores que atinjam o público-alvo que procuramos para oferecer nosso produto, ou melhor ainda: já não precisamos nem mesmo esperar por alguém com voz na mídia para escrever sobre nós. Com um *blog*, podemos nos comunicar diretamente com nosso público, evitando completamente o filtro da mídia.

Temos o poder de criar nossa própria marca de mídia no nicho que escolhermos. O que queremos é ser encontrados via Google, Yahoo!, *sites* verticais e em formato RSS. Em vez de escrever *press releases* somente quando tivermos "furos" – notícias que atingiriam apenas poucos jornalistas –, deveríamos estar escrevendo *news releases* que destacam as ideias e histórias de nossos *experts*; também deveríamos estar distribuindo-os de forma que nossos clientes pudessem encontrá-los em ferramentas de busca e *sites* de conteúdo vertical... **você é o que você publica**... sob as velhas regras, o único meio de ser "publicado" era ter seu *news release* "escolhido" pela mídia.

Percorremos um longo caminho. A internet transformou todos os tipos de empresas, organizações sem fins lucrativos, campanhas políticas, indivíduos e até mesmo igrejas e bandas de rock em *just in time publishers* e na medida certa. Como *publishers*, essas organizações criam *news releases* que disponibilizam informações úteis diretamente nas telas de seus consumidores – sem envolver a "imprensa". A internet tornou as relações públicas novamente públicas, após vários anos de foco quase exclusivo na mídia. Na internet, a linha divisória entre o marketing e as relações públicas tornou-se turva.

(Fonte: The New Rules of Marketing & PR, de David Meerman Scott)

Tratando de **política**, entende-se:

⇒ a ciência do governo das nações;

⇒ a arte de dirigir as relações entre os estados;

⇨ os princípios que orientam a atitude administrativa de um governo;

⇨ o conjunto de objetivos que servem de base à planificação de uma ou mais atividades.

Uma vez que, neste ensaio, tratamos dos relacionamentos entre organizações (e não entre governos, países), vamos à micropolítica.

Roberto Porto Simões defende a tese de que as relações públicas são, na verdade, o exercício da micropolítica das organizações. De acordo com ele (2006):

> "A probabilidade de ocorrência de problemas com os públicos, bloqueando o processo de intercâmbio, depende das informações divulgadas do que faz e diz a organização em relação a expectativas dos mesmos em determinado momento histórico-conjuntural. Esse agir e dizer se inicia pelas políticas e normas estabelecidas pelos diretores, gerentes e chefes, se transmite pelo que fazem e dizem os empregados, pelo que divulgam as notícias e a publicidade, e termina pela satisfação que provoca a qualidade do produto/serviço.
>
> Exemplos:
>
> - um atendimento mal feito em uma agência bancária pode expulsar clientes.
>
> - um anúncio comercial de empresa estatal com monopólio pode gerar má vontade, pelo menos nos líderes de opinião e depois, certamente, nos contribuintes.
>
> As expectativas dos públicos, por sua vez, correlacionam-se diretamente com os níveis de informação e participação na sociedade das pessoas que constituem os mesmos. Quanto mais politizada uma pessoa, mais exigente será. A profundidade dos problemas com os públicos depende do nível de democracia participativa da comunidade, do envolvimento dos meios de comunicação de massa (com o dever de

ofício de denunciar os deslizes das organizações) e de uma estrutura judiciária forte e eficaz.

Cada vez mais a sociedade se organiza (associações, sindicatos etc.), os meios de comunicação exercem a sua liberdade de imprensa e o Poder Judiciário se flexibiliza.

Certamente, as organizações, além de produzir bons produtos/serviços, terão de apresentar outros benefícios sociais. Assim, o administrador eficaz, além de se ocupar dos aspectos mercadológicos, de produção, financeiro, de potencial humano, de pesquisa e desenvolvimento, estabelece, também, políticas, normas e programas de relações públicas com seus públicos, por saber que isso facilita as transações, como *anticorpus* aos problemas de relação de poder que surgem, naturalmente, entre as partes envolvidas e, também, é ponto forte na competição com os concorrentes".

A literatura de relações públicas consagra a prática de uma comunicação integrada; uma das mais importantes ferramentas de gestão em um mundo extremamente competitivo e sem fronteiras.

Administrar esta comunicação é uma função vital para o desenvolvimento de qualquer organização, desde a pequena empresa local até as gigantes transnacionais, da agência reguladora à organização não governamental, do ministério à cooperativa.

Segundo Margarida Kunsch:

[...] de todas as profissões, relações públicas, pelo processo histórico de sua formação, tem por obrigação estar mais aptas para administrar a comunicação organizacional.

Mas, infelizmente, criou-se uma visão muito distorcida do potencial dessa área no Brasil. Sua atividade tem de ser encarada como uma função estratégica, não como algo periférico e cosmético, mas como um valor econômico, não como despesa, mas como investimento.

Ao explicitar os princípios que fundamentam a atividade de relações públicas e os contextos em que estão inseridas suas diferentes possibilidades de atuação, desaparece a imagem de elemento acessório e essas passam a ser consideradas componentes de contribuição estratégica e decisiva no atingir das metas comunicacionais de toda e qualquer organização.

NOUTRAS PALAVRAS

James Grunig, o mais articulado pensador das relações públicas na atualidade, acredita na necessidade de independência entre as funções de marketing e relações públicas no âmbito das organizações. Para ele, porém, é capital um estreito inter-relacionamento entre ambas. (*Vide* tabela à página 127, com resultados de seu estudo mais conhecido.)

"A mera subordinação das relações públicas ao marketing frequentemente tolhe a primeira, tornando mecânicas as suas ações.

Como a maioria das organizações está voltada para o lucro, as preocupações em torno da função de marketing aparecem mais, consomem mais atenção, tempo e investimentos.

Nesse contexto, as relações públicas sempre figuraram como atividade subalterna, limitada apenas à divulgação de produtos e serviços, ou seja, à obtenção de mídia espontânea (free publicity) — meta primordial das relações com a imprensa –, ao arranjo de entrevistas coletivas e à emissão de *news releases*".

Tal visão simplista vem, contudo, mudando. E a mensuração do sucesso das práticas de relações públicas pela simples medição dos centímetros/coluna publicados ou de minutos/segundos de exposição na mídia eletrônica tem sido colocada em xeque.

Na transição da era do "consumo pelo consumo" para a do consumo consciente, o perfil típico de grande vendedor do profissional de marketing já não é o bastante. O relações-públicas parece mais adequado para a administração do binômio empresa-cliente, hoje um negociador-mediador.

Como alerta Philip Kotler, "contemporaneamente as empresas têm estado às voltas com *nonmarketing problems*". São litígios, relações internas, relações com investidores, com grupos de pressão, ONGs, governos e outros públicos.

Peter Drucker (frequentemente citado por James Grunig) também apontou os ambientes de turbulência em que as empresas passaram a operar: uma sociedade de instituições, com atividade regulatória forte e leis eficazes, em que a cidadania se faz representar na defesa de interesses individuais e coletivos.

É nesse contexto que as atividades de relações públicas ganham maior relevância, mesmo que sob rótulos como Relações Institucionais, Relações Internas, Atendimento a Clientes, Relações Comunitárias, Ouvidoria, Hospitality Management, Customer Relationship Management (CRM), Relações com Investidores, *Guest Relations* etc.

Desafios empresariais crescentes num planeta que se esgota

Daniel Goleman, em seu livro "Inteligência ecológica", de 2009, trata de uma necessária inteligência ambiental – algo já presente para os indivíduos e organizações ambientais, mas longe de uma difusão ideal no meio empresarial – e quer nos apresentar um "pensar ecológico".

Goleman provoca-nos a considerar quantas operações envolvidas na fabricação de um tênis, ou relógio de pulso, são **ecoamigáveis**?

Tal reflexão, em tese, influenciaria nossas decisões de consumo de produtos e serviços e, consequentemente, a imagem que projetaremos das organizações que os produzem e os prestam.

E, para além das empresas que se dizem "amigas da natureza" – e aqui precisamos nos inteirar quanto ao greenwashing (espécie de "ecodisfarce") – informar a opinião pública sobre processos produtivos e a verdade ambiental praticada é dever.

NOUTRAS PALAVRAS

"O que é sustentável numa 'sociedade sustentável' não é o crescimento econômico ou 'fatia de mercado', ou qualquer uma dessas coisas, e sim a 'rede da vida', da qual a nossa sobrevivência depende".

Fritjof Capra, em recente (2012) entrevista à Globo News (no programa Milênio, com Elizabeth Carvalho), trata de seus novos livros "Ecoliteracy" ("Alfabetização Ecológica", lançado no Brasil pela Cultrix) e "Smart by Nature" (ainda em fase de lançamento nos Estados Unidos), e opõe a ideia de crescimento à de desenvolvimento, utilizando os paradigmas econômico e biológico.

Enquanto, na Economia, a ideia de crescimento é linear e perpétua; na Biologia, o crescimento é parte de um ciclo que inclui a morte e a substituição de um sistema por outro, mais apto à vida e ao prosseguimento.

Quando Capra, na entrevista, critica o pensamento atual que relaciona desenvolvimento humano a crescimento econômico, não quer fazer uma crítica ao capitalismo – que sempre teve um *drive* de acumulação perpétua, como lembra sua interlocutora – e diz que "o significado original de capitalismo é usar as forças de mercado para guiar a economia.

E há vários conceitos e várias ideias que foram acrescentadas e que agora são entendidas como partes e princípios do capitalismo.

O primeiro é essa ideia de crescimento ilimitado. O segundo é que deve ser sustentado por combustíveis fósseis, por exemplo, o que é totalmente desnecessário. E o terceiro é que construímos uma economia global, que consiste em uma rede de fluxos financeiros, o que é extremamente eficiente num sentido restrito, todo computadorizado, e a qual excluiu qualquer tipo de consideração ética.

É uma economia totalmente não-ética, e ela não é necessária.

Poderíamos taxar um comportamento não-ético, ou um comportamento não-ecológico, ou um comportamento não sustentável, e direcionar as forças de mercado numa certa direção".

Fonte: YouTube=nj72c4ragyc, acessado em 16/01/2013/2013.

Para uma conclusão

"Relações públicas é o bendito fruto da consolidação e expansão de um regime aberto, pluralista, transparente e democrático. Não foi por acaso que a disciplina tenha se desenvolvido mais rapidamente onde o sistema democrático era – e ainda é – mais avançado. Nos países mais desenvolvidos relações públicas são relevantes, bastante conhecidas e muito demandadas, tanto por clientes pessoas jurídicas quanto por personalidades individuais".

Roberto Castro Neves
(1998, p. 167)

Cidadania corporativa é um conceito tradicional de relações públicas que virou *must* gerencial nos últimos tempos.

O que sempre foi um valor para relações públicas, isto é, a forma de conduta adotada por uma organização que privilegia a responsabilidade social, passou a ser o grande valor atual para os administradores.

Quando empresas passam a se preocupar com seu entorno, em termos de preservação de meio ambiente e filantropia (apoio a postos de saúde, creches, escolas, centros de lazer e cultura), consolida-se o conceito de empresa-cidadã. Algo mais do que uma empresa apenas cumpridora de suas obrigações sociais básicas; pagadora de impostos e tributos, e fonte de empregos, serviços e demanda de insumos.

Para exemplificar, emblemática foi a visita, em 1997, do presidente dos Estados Unidos, Bill Clinton, no Rio de Janeiro, à quadra da Escola de Samba Estação Primeira de Mangueira, cuja comunidade (num morro do subúrbio carioca que abriga uma de suas mais antigas favelas) criara, dez anos antes, com o patrocínio da empresa estadunidense Xerox, um projeto de vila olímpica com resultados reconhecidos nos campos da promoção social, esporte e educação.

O folclórico evento, noticiado no mundo todo – ou seja, um sucesso de relações públicas –, contou ainda com a presença de Pelé e do cantor Jamelão, que sobre o estado de espírito do presidente Clinton cravou a seguinte "pérola": – *ele está feliz que nem pinto no lixo.*

A pergunta que se poderia fazer:

⇨ Por que uma empresa de origem estrangeira, envolvida com produtos e pesquisa tecnológica de ponta e cujos objetivos estão ligados ao meio empresarial, envolve-se com uma comunidade carente, que nem se encontra em sua vizinhança, para desenvolver uma atividade socioesportiva altamente custosa e que não contava sequer com incentivos fiscais do governo?

A resposta que poderíamos dar:

⇨ Devido à importância atualmente atribuída ao compromisso social assumido pelas empresas junto às comunidades em que atuam, num sentido amplo, para além da circunvizinhança. Isto é cidadania corporativa.

> Valores agregam valor... e a internet faz com que qualquer caso de má conduta empresarial seja visível no mundo todo. Hoje, o público cobra das empresas padrões éticos muito elevados... o capitalismo precisa ser mais socialmente responsável. As pessoas esperam que as grandes corporações globais obedeçam padrões elevados de conduta. Surge uma espécie de consciência global, graças à internet, ou seja, os padrões elevados de conduta são esperados por todos, globalmente. Meu argumento, agora, é que **a administração está se tornando um impedimento ao sucesso empresarial**. Ela foi criada, há cem anos, para resolver um problema, para transformar as pessoas em robôs semiprogramáveis, gente tão confiável e precisa quanto uma máquina. A administração foi inventada para tirar o talento da organização. Queríamos gente que respeitasse regras, padrões de qualidade, horários etc. Foi uma conquista mas, no mundo de hoje, quem gera riqueza e crescimento são as pessoas diferentes, com ideias diferentes, criando produtos e serviços diferentes, que

geram um lucro diferente. O sistema administrativo foi projetado para garantir obediência, concordância e controle. No momento ainda precisamos disso, mas precisamos de criatividade, imaginação e iniciativa. É preciso reinventar a administração para termos essas duas coisas nas empresas. Controle, concordânia e obediência nem sempre são a solução[38].

NOUTRAS PALAVRAS

Ação integrada

> "Relações públicas não pode ser visto como um departamento.
> Relações públicas é uma função, um grande processo
> que permeia toda a organização".
>
> **Roberto Castro Neves**
> (2000, p. 205)

A atividade deve ser pensada como elemento constitutivo do processo organizacional. Afinal, é essa área que, lidando diretamente com os consumidores (a partir de Serviços de Atendimento ao Cliente ou Ouvidorias), pode avaliar se a propaganda veiculada, por exemplo, é considerada como enganosa pelo público. E corrigi-la.

É também a área de relações públicas que enfrenta a comunidade enfurecida pela poluição causada por uma falha no processo industrial e quem dá explicações à opinião pública – por meio da imprensa – quando, por exemplo, um alto executivo envolve-se em prática de corrupção.

A atividade de relações públicas precisa ser compreendida como parte de um contexto organizacional, e não como uma "técnica" auxiliar.

Kotler e Armstrong (2000, p. 261) afirmam que, "em geral as Relações Públicas têm o conceito de enteada do marketing devido a seus usos limitados e muito esparsos". Completam dizendo que "as relações públicas estão sempre muito ocupadas com os vários públicos, fazendo com que os programas de apoio ao marketing sejam ignorados".

---

38. Gary Hamel - entrevista à Globo News publicada (no YouTube) em 01/07/2012 sobre seu novo livro: "What matters now".

Tal pensamento reflete a vaidade de inúmeros profissionais da área de marketing, para os quais todas as demais atividades são marginais e, quem sabe, dispensáveis. Tal limitação os impede de ver a atividade de relações públicas inserida, de fato, nas estratégias organizacionais capazes de garantir resultados palpáveis. É algo, contudo, que vem mudando paulatina e continuamente no Brasil.

Na opinião de Penteado (1993, Introdução, p. XIII), o processo de relações públicas nasceu a partir da necessidade de humanizar as relações entre as empresas e os grupos sociais. O autor destaca que só se pode fazer relações públicas quando a empresa se convence de ser uma comunidade de pessoas (1993, Introdução, p. XIII).

Segundo Castro Neves (Op. Cit.), para estar-se apto a interagir com todas as áreas da organização, faz-se necessário ao profissional ter uma formação múltipla: conhecer leis, princípios de Economia, noções de Sociologia e de Psicologia, além de saber utilizar todos os recursos disponíveis.

Precisa-se, ainda, ter visão global, bom relacionamento nos diferentes níveis da organização e representatividade junto à comunidade. Por fim, é necessário conhecer em profundidade os objetivos, produtos/serviços e políticas da organização em que se está atuando. Para este autor (2000, p. 213), as relações públicas são "uma atividade que requer conhecimentos técnicos, cultura geral e sensibilidade".

Reconhecimento, relacionamento, relevância e reputação: quatro instâncias em que relações públicas plenas trazem resultados para a gestão de organizações de qualquer porte e ramo de atividade, gerando a tão demandada transparência – numa comunicação "total", de 360 graus.

E não é demais lembrar que o verdadeiro significado da palavra comunicação é "comunhão", isto é, **tornar comum**, um processo ideal que faz com que "aquilo que está em mim, em minha mente" possa "estar em você, em sua mente", sem desentendimentos ou ruídos. Parece simples, mas é uma busca humana incessante, comprovada pela quantidade de conflitos entre nações, povos, etnias, organizações e indivíduos que povoam o noticiário do nosso dia a dia.

NOUTRAS PALAVRAS

Relações empresa-sociedade, hoje

A sociedade tornou-se uma fiscalizadora das organizações, passando a exigir que as mesmas "mostrem a cara", não apenas por meio de produtos e serviços, mas, principalmente, participando do contexto social, sendo cidadãs, relacionando-se, enfim.

A troca entre empresa e públicos passou a ser entendida como algo além da mera relação de emprego e consumo, encampando o conceito de "parceria", ou seja, de princípios, valores, políticas, responsabilidades comunitárias e atitudes.

Tratando de Marketing, Vasconcellos (2006) diz:

> A partir de época relativamente recente, passamos a ter uma consciência mais aguda do limite dos recursos da Natureza. Alguns bens tidos como ilimitados revelaram-se repentinamente raros. Os mares já não guardam a noção de inesgotabilidade, no seu aspecto econômico; o próprio ar que respiramos tem os limites do grau de poluição que o ser humano pode suportar. Passamos a encarar a biosfera de forma completamente nova...
>
> A Natureza, e o dimensionamento das necessidades humanas, quem os dá é o próprio consumidor, o que não impede, mas ao contrário estimula, uma melhor aplicação dos recursos naturais. A questão do limite de recursos com que contamos no mundo de hoje é a primeira que merece nossa reflexão, por ser a mais relevante, além de ser a base natural para as outras preocupações.
>
> Se o marketing é apontado como uma instituição causadora do desperdício, a resposta a essa acusação deverá ser procurada numa análise do sistema maior de que ele é um simples subsistema. Esse sistema maior é o da empresa privada, com sua motivação no lucro...
>
> Todos os comentários aqui feitos pressupõem uma sociedade em que o poder de compra seja uma realidade. E foi isso o que procuramos demonstrar ser uma das preocupações, talvez mesmo a preocupação fundamental, do marketing... Criar mercados é tão importante quanto criar produtos, uma vez que os produtos só têm significação ou utilidade quando podem ser consumidos.
>
> Estamos longe de querer colocar asas de anjo na publicidade e de afirmar que ela não comete seus pecados. O que desejamos deixar claro é que esses pecados não são intrínsecos nem do marketing nem da publicidade.

> Mais ainda. Sob o espírito de marketing (*marketing concept*), parte-se do estudo das necessidades humanas para o planejamento racional. Essa racionalidade estende-se à utilização dos recursos, quer da empresa quer da sociedade, para que sejam eles melhor aplicados na satisfação de necessidades humanas...
>
> Vemos, portanto, que mesmo colocando a decisão final da utilização dos recursos nas mãos do consumidor, não estamos com isso nos arriscando a um esgotamento rápido desses recursos.
>
> O conceito da utilidade marginal decrescente, que continua a ser uma das idéias indispensáveis da economia, como salientou Galbraith, impede, como uma lei natural, que o consumo aumente a partir de um determinado ponto. E nenhuma empresa poderá se manter no mercado produzindo mercadorias que não se vendam lucrativamente.

A seguir a representação visual do "mix" resumo das relações públicas plenas (RRPP), inspirada no "mix" de marketing (MKTG):

A leitura deve ser feita em sentido horário, sempre: em primeiro lugar, o "mix" de marketing adaptado: proposta de valor (em lugar de *Product*), processo de precificação (*Price*), ponto de venda planetário (*Place*) e relações públicas plenas (*Promotion*).

As relações públicas plenas desdobram-se em 4 instâncias ou demandas – 4 Rs: Reconhecimento, Relacionamento, Relevância e Reputação.

Cada uma dessas instâncias, por sua vez, adota 2 estratégias, num total de 8 chamadas estratégias-eixo gerais.

E cada uma dessas 4 instâncias, por sua vez, sob dois eixos estratégicos, desdobra-se em 4 táticas de ação, perfazendo um total de 16 técnicas, numa visão dita "plena" de relações públicas.

Dos 4 Ps do MKTG aos 4 Rs das RRPP

4 Ps do Marketing: uma releitura
- PROPOSTA DE VALOR OFERTADA
- PROCESSO DE PRECIFICAÇÃO
- PLENAS RELAÇÕES PÚBLICAS
- PONTO DE VENDA PLANETÁRIO

4 Rs das Relações Públicas Plenas
- RECONHECIMENTO
- RELACIONAMENTO
- REPUTAÇÃO
- RELEVÂNCIA

122 | 4 Rs das Relações Públicas Plenas

4 Rs → 8 estratégias → 16 táticas

accountability — presença competente na internet

arte narrativa

- IDENTIDADE CORPORATIVA
- BRANDING
- PROPAGANDA INSTITUCIONAL
- IMAGEM DE MARCA
- ESTUDO DOS PÚBLICOS
- COMUNICAÇÃO INSTITUCIONAL
- GESTÃO DE CRISES DE IMAGEM PÚBLICA
- DIVULGAÇÃO

memória de empresa

serviço de atendimento ao consumidor

COMUNICAÇÃO INTERNA	ATENDIMENTO AO CLIENTE
MEDIAÇÃO / NEGOCIAÇÃO	OUVIDORIA / OMBUDSMAN
PESQUISA DE OPINIÃO	PATROCÍNIO (CULTURAL, ESPORTIVO ETC.)
MERCHANDISING SOCIAL	EVENTOS (PRÓPRIOS OU DE TERCEIROS)

marketing orientado ao público interno

lobbying

marketing social

Glossário

Accountability - Termo do idioma inglês, sem tradução literal para o português. Origina-se do termo "accomptare", que, em latim, significa "tomar em conta") e remete à obrigação de membros de um órgão administrativo ou representativo de prestar contas a instâncias controladoras ou a seus representados. Uma possível tradução seria "responsabilização", ou, deficientemente, "prestar contas" – ou seja, quem desempenha funções de natureza pública numa sociedade deve regularmente explicar o que faz, como o faz, por que o faz, quanto gasta para fazê-lo, e o que fará a seguir. Não se trata, pois, apenas de prestar contas em termos quantitativos, mas de auto-avaliação e satisfação, dando a conhecer o que se conseguiu e justificar aquilo em que se falhou. A obrigação de prestar contas é relevante em qualquer instância, mas tanto maior quando a função é pública, ou seja, quando se trata do desempenho de cargos pagos com o dinheiro dos contribuintes. *Accountability* é um conceito da esfera ética frequentemente usado em circunstâncias que denotam responsabilidade social, imputabilidade, obrigações e prestação de contas. Em Administração, *accountability* é considerada um aspecto central da governança corporativa, tanto na esfera pública como na privada, tanto na esfera da Controladoria como na Contabilidade de Custos.

Advocacy - Diferentemente do conceito de advocacia como atividade do advogado, *advocacy*, aqui – em mais um caso de termo que não ganhou tradução para o português no linguajar dos negócios, refere-se ao engajamento em causas, algo que poderíamos classificar como um estágio "avançado" do *lobbying*. Mas não necessariamente dentro dos palácios e, sim, uma espécie de *lobbying* cidadão, nas ruas, associações de bairros, movimentos de munícipes. Exemplo: cidadãos contra a corrupção, em defesa da moralidade pública e da transparêmcia das informações financeiras públicas - *vide case* Amarribo em www.amarribo.org.br.

Arbitragem - A arbitragem, há décadas utilizada nos países desenvolvidos, é regulamentada no Brasil pela Lei 9.307/96, a chamada Lei da Arbitragem, e vem sendo reconhecida como o método mais eficiente de resolução de conflitos, contribuindo para o descongestionamento do Poder Judiciário. Na arbitragem impera a autonomia da vontade das partes envolvidas, manifestada na medida em que são elas que definem os procedimentos que disciplinarão esse processo, que estipulam o prazo final para sua condução, que indicam os árbitros que avaliarão e decidirão a controvérsia instaurada. Resumidamente, é como se fossem criadas regras particulares e de comum acordo entre os interessados. Isso garante, além de uma boa solução para o caso, sigilo, economia, a certeza de que o julgamento do problema será realizado por pessoas com profundo conhecimento do assunto em questão e, além de tudo, rapidez, já que a arbitragem deve ser concluída no prazo máximo legal de 180 dias, se outro prazo não for acertado pelas próprias partes. (Fonte: Câmara de Arbitragem do Mercado - www.camaradomercado.com.br).

Assessoria de imprensa - A assessoria "de imprensa" é um dos instrumentos clássicos de relações públicas. No mundo todo *PR (Public Relations, media relations)* são seu sinônimo. No Brasil, assessoria "de imprensa", foi confundida – por ação de jornalistas em desvio de função – com a profissão "relações-públicas" – mal entendido e conflito de propósitos que a globalização sempre crescente do país já vem tratando de desfazer. Trata-se da procura por espaços prestigiados no noticiário – o que se obtém fazendo com que as "notícias" da organização sejam de real interesse para o(s) público(s) leitores, espectadores, ouvintes ou internautas do(s) veículo(s) em que se quer aparecer. E foi, inclusive, a razão do surgimento das modernas relações públicas, em 1906, com Ivy Lee. O pioneiro estadunidense, jornalista atuante, descobriu o nicho de *publicity*, da divulgação (não-publicitária, não-paga) de empresas – e, fato fundamental, deixou a imprensa. Num tempo em que todas as empresas já faziam anúncios pagos, elaborou um serviço de informação ao público e mencionava em seu próprio material institucional: "não fazemos jornalismo; não fazemos propaganda; nosso objetivo é a divulgação de matérias no interesses de clientes". Numa expressão: relações públicas – em seu sentido estrito de *media relations*.

Briefing - Conjunto de ideias que possibilita a um profissional ou a uma equipe de trabalho compreender e mensurar um projeto demandado por um cliente. Nele, é especificado qual o produto/serviço/campanha a desenvolver, qual o seu conceito e para quem se destina. O sucesso de um projeto está diretamente relacionado à boa construção do briefing, a partir das especificações passadas pelo cliente. Deve ser um documento completo, claro e objetivo. (Fonte: sobredesign. wordpress.com).

Branding - Termo do idioma inglês que não ganhou uma versão para o português, assim como o termo marketing. Refere-se a todo o processo de concepção e gerenciamento de marcas comerciais, tanto de empresa, como de produtos, serviços, causas, partidos, ONGs etc. (*Brand Champion* – indivíduo encarregado do processo de difusão, "doutrinação interna" e manutenção das marcas sob sua responsabilidade).

Business-to-business - Diz-se da relação entre uma empresa fornecedora – de insumos básicos, produtos ou serviços – para outra(s) empresa(s), sem contato com o consumidor final, no varejo. São produtores de componentes, matérias-primas ou atacadistas cuja existência passa ao largo da opinião pública – a não ser em casos de crise; como um acidente fatal, um incêndio ou um vazamento que transborde seus limites controláveis. *Business-to-consumer* – termo que designa organização que presta serviços ou comercializa produtos diretamente ao cliente ou consumidor final.

Cidadania corporativa - Conceito tradicional de Relações Públicas, presente na obra de Bertrand Canfield já na década de 1950. Não tem força legal, mas norteia esforços muito similares àqueles hoje aglutinados pelas organizações sob a égide de uma "responsabilidade socioambiental". Ou seja, algo para além do cumprimento das obrigações legais, sanitárias, tributárias e trabalhistas – o que, por si só já caracteriza, para Peter Drucker, o "lucro social" que toda empresa proporciona ao meio em que se estabelece. A cidadania corporativa abrange outros modos de "intervenção" de uma empresa na comunidade: a filantropia, o mecenato e iniciativas que vão além das obrigações mínimas ambientais, chegando à adoção de áreas e monumentos ou participação em projetos de despoluição de rios, proteção de mananciais, entre outros. Não é demais lembrar também aqui, da **responsabilidade civil**, encargo fundamental de quem opera um negócio, uma atividade, no mercado – caso da responsabilidade empresarial sobre acidentes que ocorram com um empregado, cliente, ou fornecedor, nas dependências de uma dada empresa, por exemplo – algo que vem "antes", pois, da responsabilidade social.

Clipping - Trabalho de "garimpagem" de notícias e organização dessas matérias publicadas em diversos órgãos de imprensa e informativos – impressos, eletrônicos ou digitais – de acordo com critérios previamente determinados.

Coaching - Designação que remete aos treinadores esportivos, "técnicos" em português. No meio corporativo, utiliza-se atualmente o termo para designar um conselheiro, um mentor que acompanha o desempenho e a carreira de um *trainnee*, ou mesmo de um profissional experiente. Também se usa o termo *"mentoring"* para designar esse processo.

Comoditização - De *commodity*, mercadoria a granel, não designada por marca de varejo. Diz-se de um bem que, mesmo tendo marca distinta, por sua vulgarização (fórmula conhecida, produtos/serviços concorrentes idênticos e consequente queda de preço), perde a característica e passa a ser considerada indistinta, mais uma *commodity*, algo "comoditizado". As *commodities* tradicionais são aquelas listadas na Bolsa de Mercadorias e Futuros de Chicago, *locus* em que são definidas – por oferta e procura – as cotações de minério de ferro, aço, petróleo, cobre, ouro, cacau, café, milho, soja etc. Tais cotações definem o comércio internacional (que é arbitrado pela Organização Mundial do Comércio). Uma mercadoria não é considerada uma *commodity* para efeito de comércio internacional se não está listada nessa bolsa. É o caso do etanol, que ainda não foi reconhecido como uma *commodity* "internacional".

Compliance - Termo consagrado pela área de auditoria. Aderência (de procedimentos reais) a padrões estabelecidos de conduta. Uma auditoria do fluxo de transações verificará se as transações estão sendo contabilizadas conforme as normas de contabilidade aplicáveis.

Conduta ética - Talvez o verbete mais difícil de explicar. Um gari pode ensinar ética a um senador, ou seja, conduta ética nada tem a ver, necessariamente, com nível de instrução ou posição social. Trata-se de valor quase que "espiritual" – num arroubo platônico. Podem evidenciar-se ações éticas até em um campo de guerra. Tudo depende do paradigma interno de cada um em termos de civilização. E sempre diante do outro. Algo que se aprende "em casa". Uma conduta é tecnicamente ética quando não transgride a mandamentos próprios de uma atividade, estejam eles expressos ou não em um código, mas há muito mais coisas entre o céu e a terra que os manuais técnicos podem abarcar. Fraudar declarações, falsear informações, ocultar dados são, comumente, os maiores atentados à conduta ética. Devem ser evitados incondicionalmente, sob a pena de se destruir em minutos uma reputação construída por décadas.

Controller - Função profissional de topo de carreira no meio contábil-financeiro. Diz-se daquele que lidera e se responsabiliza pela área financeira de uma companhia, dirigindo as atividades de controle gerencial e financeiro.

Core business - Literalmente, núcleo do negócio – aquele objeto/razão de ser da organização. De *hard core* – o "núcleo duro" de uma estrutura. Em tese, poder-se-ía terceirizar tudo, MENOS o *core business* de um empreendimento ou organização.

CRM (Customer Relationship Management) - Diz-se dos sistemas, sobretudo *hardware* e *software*, voltados para o atendimento ao cliente. Na prática, essa abordagem tecnicista tem-se reduzido à implantação de *call* ou *contact centers* (centrais de teleatendimento), nos quais a interferência humana é pequena e muito limitada por rígidos *scripts* preestabelecidos, e, por isso mesmo, responsável pela esmagadora maioria das críticas feitas aos atuais Serviços de Atendimento a Consumidores (SACs).

Disclosure - Divulgação. Tornar público. "Publicização". Atributo que redunda em transparência, ou seja, submeter decisões e seus resultados (originalmente no campo contábil-financeiro) ao escrutínio do público.

Divulgação - Marcos Cortez Campomar é professor da FEA/USP com quem, graças à nossa orientadora Margarida Kunsch, tivemos o privilégio de estar em duas oportunidades: no exame de qualificação e na defesa da tese de doutoramento "Marketing Cultural: características, modalidades e seu uso como política de comunicação institucional", em 1999 e 2000, respectivamente.

Seu texto, aqui, pinçado da apresentação que fez à re-edição atualizada do livro do "pai" do marketing *mix*, Jerome McCarthy, enfatiza o preciso esclarecimento da diferença entre propaganda e publicidade – algo que, por incrível e antigo que pareça, ainda se faz necessário entre nós, brasileiros.

"É importante salientar que nesta tradução o tópico **Promoção** permite que sejam dirimidas dúvidas comuns, presentes em outros livros (traduzidos e de autores brasileiros), sobre a diferença entre Propaganda e Publicidade. No Brasil, a confusão entre essas duas palavras surgiu porque as pessoas que trabalham em propaganda são chamadas de publicitários. Por isso, muitos pensam que elas fazem publicidade. Este, um trabalho muito mais de Relações Públicas.

A tradução deste livro de McCarthy deixa muito claro que propaganda corresponde à palavra inglesa *advertising* e que publicidade corresponde a *publicity*. Livros estrangeiros de nível suspeito e traduções mal feitas têm deturpado conceitos fundamentais de Marketing e trazido prejuízos aos estudantes brasileiros".

Fair policies - Trata-se de práticas "justas", universais, independente de "onde" se dão. *Fair trade* significa um comércio justo, em termos que trazem vantagem às duas partes em negociação, mesmo que uma delas seja muito mais fraca do que a outra em termos institucionais, econômicos ou de poder empresarial. Aplica-se também a trabalho (*fair job*); quando "o mercado" de trabalho não descamba para o terreno da exploração do trabalho escravo, de menores de idade, ou em condições degradantes, extenuantes, condenáveis pela OIT/ONU.

Fashion - Diz-se de algo "in", atual em relação ao momento, "na moda"; o próprio setor de moda.

Free publicity (mídia espontânea) - Matéria não-paga, publicada em veículos de comunicação a partir de esforços de divulgação (relações públicas).

Governança corporativa - Conjunto de regras que garantem transparência na administração e na divulgação de informações relevantes, além de igualdade de direitos entre acionistas minoritários e controladores. No nível máximo de governança corporativa (nas bolsas de valores), as empresas têm apenas ações com direito a voto e estendem aos acionistas minoritários 100% do valor pago ao controlador por ação em caso de venda do controle acionário.

Greenwashing - Lavar, ou "pintar de verde", é prática, infelizmente, cada vez mais comum de "vender" uma preocupação com a sustentabilidade, bom uso de recursos naturais, reciclagem e preservação quando, efetivamente, elas não existem. Isto exige do consumidor um comportamento cada vez mais atento e exigente.

Griffe - Palavra do idioma francês que significa assinatura. Nome ou marca que caracteriza uma organização, produto ou serviço. Muito utilizada para designar marca na indústria da moda.

Hospitality management - Atividade do profissional encarregado de recepcionar, acomodar e atender VIPs *(very important people)* em grande eventos. A Fórmula 1, com seu "circo" de patrocinadores, convidados VIPs e imprensa especializada, inaugurou a prática de construção – no próprio local dos seus grandes prêmios – de instalações apartadas, exclusivas e confortáveis *(hospitality centers)* para tais públicos – de interesse especial para os organizadores.

Identidade institucional (ou corporativa) - O que uma organização tenta passar ao público pelo estabelecimento de um nome distinto, marca, cores e tipologia de seu material gráfico e promocional, aplicado a tudo: sede, frota, papelaria, uniformes, anúncios, *website*, brindes, publicações institucionais. São atributos de "Reconhecimento" que estão sob o controle da organização.

Imagem institucional (ou corporativa) - O que é percebido (pelo público) sobre uma determinada organização. Diferentemente da identidade institucional, a imagem é algo – também relacionado a "Reconhecimento" – FORA do controle da organização.

Incentivos - Diz-se dos incentivos (político, institucional, governamental, social e financeiro) associados à divulgação da informação ao público – a dita "publicização". Gestores governamentais tendem a disponibilizar uma informação assimétrica ao cidadão. Relativo aos incentivos, observa-se uma relação positiva do tipo do ente (incentivo governamental), da acessibilidade (incentivo social) e da demografia de pessoal (incentivo institucional) com o índice de transparência pública federal – enquanto a governança (incentivo governamental) apresenta uma relação negativa. Todavia o porte (incentivo político), tamanho do núcleo de gestão (incentivo institucional), receita orçamentária e dependência federal (incentivo financeiro) não apresentam relação. Prestar contas requer melhorias na evidenciação da informação pública nos relatórios de gestão anuais.

IPO - Termo do mercado de capitais. Diz-se do processo de abertura de capital de uma sociedade anônima em bolsa de valores. Oferta pública inicial de ações ao mercado. Da expressão original, em inglês, de *Initial Public Offering*.

Issue management - "Issue" é tema, assunto que causa preocupação a uma dada organização. Seu gerenciamento é a análise e as atividades desencadeadas com o objetivo de se lidar – de forma sistemática – com o tema no momento, ou na oportunidade, em que a organização o enfrenta (ou enfrentará adiante).

Just in time - Sistema de administração da produção que determina que nada deve ser produzido, transportado ou comprado antes da hora exata. Pode ser adotado por qualquer organização para reduzir estoques e os custos decorrentes de armazenamento. É o principal conceito do Sistema Toyota de Produção. Com esse sistema, o produto ou matéria-prima chega ao local de utilização somente no momento exato em que for necessário. Os produtos são fabricados ou entregues a tempo de serem vendidos ou montados. Também referenciado pelo termo "zero estoque".

Lobbying - Ação de tentar influenciar líderes empresariais, políticos ou governamentais para criação, manutenção ou extinção de legislação específica, ou realizar/participar de uma atividade que vá ajudar uma organização ou atender a um interesse particular. Pessoas que atuam em *lobbying* são chamados *lobbyists* ("lobistas"). Isto porque sua atividade se dá no *lobby* (ou nos *lobbies*) ou antessalas dos palácios legislativos e de governos, em todas as esferas de poder.

Marketing concept - Expressão inglesa que designa a adoção de uma filosofia de mercado por uma organização, tornando-a, assim, orientada mercadologicamente *(market oriented)*, para além dos esforços comerciais primários, que consistiam apenas na colocação à venda do produto de que se dispunha, independente da pesquisa junto ao consumidor ou cliente. No Brasil, a definição da expressão ficou a cargo de uma equipe de especialistas arregimentada pela Fundação Getulio Vargas, no Rio de Janeiro, na virada das décadas de 1950 e 1960 do século XX, e foi traduzida por "espírito de marketing", assim descrita por um de seus membros, Manoel Maria de Vasconcellos: "produzir o que vende ao invés de vender o que se produz".

Media relations - Relações com a imprensa, relações públicas.

Media training - Treinamento ministrado por especialistas em comunicação a pessoas que, em virtude de suas funções, têm que atender à mídia, sobretudo eletrônica (rádio e TV), em entrevistas, comunicados e debates.

Mentoring - *vide* verbete *coaching*.

Merchandising - Promoção de um produto ou ideia, tornando-o mais atraente no ponto de venda. Diz-se também das situações que emulam a compra e o consumo, como as inserções de textos e/ou imagens em filmes, peças teatrais e telenovelas.

Mídia espontânea - *vide* verbetes *Free publicity*, *News release* e *Publicity*.

Newsletter - Publicação impressa ou eletrônica, de cunho informativo, emitida por uma organização, remetida a assinantes ou participantes de listas privadas.

News release - Texto de divulgação à imprensa, já chamado de *press release*, mas que ganha ares de *news* (notícias) nesses tempos em que se invertem as posições e "todo mundo faz sua própria veiculação", segundo o Facebook. Diz-se do texto preparado pela assessoria de imprensa de uma organização encaminhado a veículos de comunicação com a finalidade de obter divulgação não paga (mídia espontânea).

Ombudsman/Ouvidor - O ouvidor (ou *ombudsman*) tem como dever defender os direitos e os legítimos interesses dos cidadãos, seja em órgãos da administração pública – em quaisquer dos seus níveis e poderes – seja em uma empresa privada, atuando, sempre, com autonomia para apurar as questões que lhe forem apresentadas e independência para manifestar o que entender cabível à instituição a qual é vinculado. (Fonte: Associação Brasileira de Ouvidores/Ombudsman, www.abonacional.org.br).

ONG - Organização Não Governamental. Organização da sociedade civil. Pode assumir variada configuração legal. *Vide* Apêndice 2.

Opinião pública - Figura de linguagem que quer traduzir um pensamento plasmado em certo segmento da sociedade que "faz diferença", parodiando a promoção d'O Globo. Ideia relacionada ao conceito de "formadores de opinião". Artur da Távola, jornalista e parlamentar fluminense, pregava a máxima: "não existe opinião pública, mas, sim, opinião de quem publica". Concordamos.

Oscip - Organização Social Civil de Interesse Público. Título concedido, a pedido das próprias organizações, pelo Ministério da Justiça, uma vez comprovado o seu caráter de interesse público. A lei que regula as Oscips é a de número 9.790, de 23 março de 1999, e trata da possibilidade das pessoas jurídicas (grupos de pessoas ou profissionais), de direito privado sem fins lucrativos, serem qualificadas como tal e poderem relacionar-se com o Estado, por meio de parcerias, desde que os seus objetivos sociais e as normas estatutárias atendam aos requisitos da lei.

Posicionamento (Positioning) - Termo criado, em 1972, por Al Ries e Jack Trout, para designar a posição que uma determinada marca (de empresa ou produto/serviço) ocupa no imaginário individual ou coletivo. *Mindshare*. O conceito de *top of mind* retrata o posicionamento da marca-líder.

Powerbranding - Empoderamento da marca. É o reconhecimento do peso (e do preço) imposto pelas marcas ao mercado, quando o valor de um bem intangível sobrepõe-se ao valor de ativos tradicionais, ainda mais num tempo em que marcas de bens virtuais, como no caso de Google, Yahoo! e iTunes, por exemplo, superam em muito o valor de mercado de gigantes da economia "real" como IBM, Ford, General Electric e Coca-Cola.

Public affairs - Denominação do setor das organizações em que estavam alocados os relações-públicas, na tradição estadunidense.

Public company - Tradicionalmente "empresa pública" foi expressão para designar aparatos – empresas, autarquias, sociedades – estatais, prestadores de serviços públicos *(public utilities)*. Atualmente, após décadas de privatizações e desregulamentação, o conceito de empresa pública passa a ser usado para designar companhias com papéis (ações) distribuídas em bolsas de valores – ou seja, submetidas ao escrutínio público, devendo satisfações públicas de seus atos não só aos órgãos reguladores (CVM, por exemplo), mas, principalmente à opinião pública.

Publicity - Técnica de relações públicas que consiste em preparar e difundir uma mensagem previamente planejada, em forma de "nota", a veículos pré-selecionados *(news release)* para aumentar o interesse particular pelo cliente (emissor), sem pagamento específico feito a tais veículos. Mídia espontânea.

Publisher - Aquele indivíduo, ou corpo organizacional (publishers), responsável pela ação de publicar. Editor-chefe-responsável. Pode submeter-se ou não a um conselho editorial. Também referido, em empresas não jornalísticas ou editoriais, como *content owner* ou *content manager*.

Recall - Em propaganda, recall significa a propriedade que uma marca, basicamente, ou as ações comunicacionais em torno da mesma, (um produto, serviço ou organização), tais como slogans, jingles, garoto(a)s-propaganda etc. tem de ser lembrada pelo público ou um segmento deste. Do ponto de vista legal, em marketing, recall significa "chamamento", ou seja, um mecanismo que obriga o fornecedor a alertar via meios de comunicação dirigida (mala-direta, tele-marketing, comunicações via internet), ou de massa (jornais, revistas, rádios e TVs), clientes ou consumidores que adquiriram produtos defeituosos com potencial risco para sua saúde e segurança, informando sobre procedimentos a adotar com vistas à solução do problema; conserto, troca, restituição da quantia paga, por exemplo. A prática do recall se estabeleceu no Brasil com a publicação do CDC (Código de Defesa do Consumidor, 1990), estabelecido nos seus artigos 6º (direito à informação), e 10º (segurança do produto). Caso o defeito apontado no "chamamento" tenha ocasionado acidente, o consumidor deve solicitar, por via judicial, a reparação por danos morais e patrimoniais eventualmente sofridos.

Reconhecimento - Propriedade de ser distinto e ter uma identidade própria – ter uma face e uma voz. Reconhecimento é o resultado pleno de sua comunicação. "Reconhecimento pelo que você é e por onde está". Identidade. *Recognition*.

Relacionamento - No nível das organizações, é a principal meta das Relações Públicas. Não por outra razão, no presente, as atividades de RP do passado, hoje são chamadas "relações com investidores", "relações com a imprensa", "relações com o consumidor", "relacionamento com a comunidade", "relacionamento com o público interno". Relacionamento é resultado de sua abertura e receptividade a terceiros. "Relacionamento pelo que você dá e como recebe". Troca. *Relationship*.

Relevância - Nível de importância que se atinge em relação a seus pares ou concorrentes. Principal medida utilizada pelos mecanismos de busca na *web*. Ou seja, mais relevante é o item que obteve mais acessos *(page ranking)*. Relevância é resultado do que você agregou. "Relevância pelo que você agrega e se diferencia". Inovação. *Relevance*.

Reputação - Resultado de médio e longo prazo que se obtém a partir das atitudes e ações efetivamente colocadas em prática por um indivíduo ou organização. Reputação é resultado do que você fez. "Reputação pelo que você faz e acontece". Responsabilidade. *Reputation*.

Responsividade - Do idioma inglês *responsiveness*. Capacidade que alguém tem (indivíduo ou organização) de dar resposta àquilo que lhe é demandado.

RRPP - "Caso típico de *pluralia tantum* – dos termos que não possuem variante no singular e só existem no plural, relações públicas pode ser representado abreviadamente como RRPP". (Roberto Porto Simões, disponível em: http://200.144.189.42/ojs/index.php/famecos/article/viewArticle/431).

Sampling - Tática de promoção (de marketing) que consiste na distribuição gratuita de amostras de determinado produto, geralmente por ocasião de seu lançamento.

Shareholders - Detentores de quotas de uma empresa de responsabilidade limitada ao capital (e não sociedade por ações – onde o termo mais correto é acionista – *stockholder*).

Site - Sítio, na internet. Menor porção privada adquirida de conteúdo administrado e endereço (domínio) individualizado na rede mundial de computadores. Tal *locus* requer registro na autoridade reguladora da internet. No caso do Brasil, a FAPESP. Internacionalmente, ICANN.

Stockholders - Detentor de ações de uma companhia de capital aberto – listada em bolsas de valores – e denominadas "sociedade anônimas" justamente porque tais papéis são do tipo "pague-se ao portador", ou seja, não se consegue definir, *a priori*, quem é detentor de posições majoritárias ou minoritárias no controle acionário de determinada organização. O valor de uma ação é determinado, no seu lançamento ao mercado (*Initial Public Offering - IPO*) como um "valor de face", mas oscila para mais ou para menos desde o primeiro instante de presença no pregão, obedecendo a lei da oferta e da procura. *Vide* verbete *Shareholders*.

Stakeholders - Traduz-se em português pela expressão "públicos de interesse".

Website - Sítio, lugar, na internet. *Vide* verbete *Site*.

Zapping - Termo que significa a mudança sistemática de canais (de TV) à procura de programação. O desafio da propaganda é manter o telespectador sintonizado no canal durante o intervalo comercial – justamente o momento em que dispara o efeito *zapping* na audiência. Tal efeito foi potencializado primeiramente com o controle remoto, e, depois, com a TV por assinatura e suas centenas de opções.

Apêndices

APÊNDICE 1

Análise de ambiente

Sociedades evoluídas estão fundadas sobre uma diversificada base econômica que, acionada pelo trabalho humano, move a produção de uma série de bens tangíveis e intangíveis cuja destinação é o consumo e o bem-estar de seus membros.

Os elementos da vida econômica de uma nação somam-se num todo denominado sistema econômico.

Pessoas organizam-se sob interesses e metas comuns. E suas organizações (públicas, privadas e da sociedade civil) relacionam-se não só economicamente, mas, também "socialmente". Estão aí as redes sociais e as *fan pages*.

É indispensável a compreensão de como se classificam – e se constituem (*vide* Apêndice 2, a seguir) – as organizações:

⇨ organizações do primeiro setor – organizações do Estado, em suas diversas esferas (municipal, estadual e federal) e poderes (executivo, legislativo e judiciário), o que inclui empresas estatais e mistas (que tem no controle o Estado em parceria com investidores privados);

⇨ organizações do segundo setor – organizações da iniciativa privada (as empresas propriamente ditas);

⇨ organizações do terceiro setor – organizações da sociedade civil (associações, fundações, clubes de serviços, sindicatos, ONGs).

MODOS GERENCIAIS

Estilos e métodos de gestão são reflexos do nível de desenvolvimento social, político e econômico de uma sociedade.

Apesar de nosso país ter muitos exemplos de gestão avançada e de uso de sofisticadas práticas administrativas, é forçoso reconhecer que inúmeras organizações públicas, privadas e do terceiro setor ainda trabalham e funcionam com base em práticas arcaicas, tais como excessiva centralização, uso desbalanceado do poder, excesso de burocracia (ou, por outro lado, excesso de informalidade), paternalismo e amadorismo.

É uma questão de tempo, porém. Tais arcaísmos desaparecerão, inevitavelmente.

Há sinais de que o processo gerencial se moderniza e que as organizações brasileiras já passaram a adotar, na prática, diretrizes antes relegadas exclusivamente aos manuais de administração.

Isto quer dizer que as organizações começam a seguir procedimentos avançados de comunicação integrada; entre eles o de planejamento da comunicação.

APÊNDICE 2

Sobre organizações

Autoria: Marco Túlio de Barros e Castro[1]

O "novo" Cógico Civil Brasileiro, de 2002, em vigor desde 2003, estabeleceu novas regras básicas para a organização de pessoas físicas na formação de pessoas jurídicas.

Um dos critérios importantes que presidem a decisão de criar uma organização, ou seja, uma personalidade jurídica própria, é o de que há, necessariamente, uma separação patrimonial entre a pessoa jurídica e os membros que a compõem (pelo menos duas pessoas físicas são necessárias para a criação de uma pessoa jurídica.

Há o instituto da empresa individual, mas só para alguns casos muito específicos, como o do artesão, por exemplo).

As pessoas jurídicas podem ser de dois tipos fundamentais:

⇒ aquelas que não têm fins econômicos (fundações ou associações); ou

⇒ aquelas que têm fins econômicos (sociedades).

A figura do micro-empreendedor individual (MEI), recém-criada, vem atender a uma grande gama de negócios que faturam até 60 mil reais por mês.

---

1. Marco Túlio de Barros e Castro é bacharel, mestre e doutor em Direito, especialista em Direito Autoral e Propriedade Intelectual e sócio do escritório Weikersheimer & Castro Advogados Associados.

Organizações sem fins econômicos

Fundações

Constituem-se basicamente de um patrimônio (propriedades, créditos ou dinheiro) colocado (por um fundador, instituidor, pessoa física ou jurídica) a serviço de um fim específico.

O Ministério Público fiscaliza as fundações em virtude de as mesmas gozarem de benefícios fiscais como a isenção do imposto de renda.

Há, também, a exigência legal de um valor mínimo de patrimônio para a criação de uma fundação.

Associações

Reunião de pessoas em torno de uma finalidade cultural, social, religiosa ou recreativa.

Seu registro se dá junto ao Cartório do Registro Civil de Pessoas Jurídicas (RCPJ) e seu estatuto deve conter:

⇒ denominação, fins e sede;

⇒ requisitos de admissão, demissão e exclusão dos associados;

⇒ direitos e deveres dos associados;

⇒ fontes de recursos para manutenção.

Organização Não Governamental (ONG)

Não constitui um tipo especial de organização. É pessoa jurídica de direito privado constituída pela sociedade civil. A ONG deve assumir alguma das formas de pessoa jurídica previstas em lei, usualmente fundações ou associações.

Organização Social (OS)

Também não constitui um tipo especial de organização. É pessoa jurídica que, por definição, cumpre função delegada pelo Estado. Existe para aumentar o grau de agilidade do poder público na consecução de algumas atividades.

Exemplo: cogitou-se, em fins de 2007 (e até a edição deste livro, não decidido), a criação de uma OS para gerir o Theatro Municipal do Rio de Janeiro. Tal medida conferiria ao espaço cultural os benefícios administrativos da não exigência de concursos e licitações públicas na contratação de serviços de manutenção e conservação.

Tal tipo de organização já assumiu a gestão de diversos hospitais no estado do Rio de Janeiro. Com muitas críticas e nenhum elogio.

Organização da Sociedade Civil de Interesse Público (OSCIP)

Igualmente, também não constitui um tipo especial de organização. Pode ser uma fundação ou associação.

A modalidade OSCIP foi instituída pela lei número 9.790/1999. Trata-se de um título concedido pelo Governo Federal, através do Ministério da Justiça, a pessoas jurídicas que não tenham fins lucrativos (distribuição de lucros a diretores ou sócios) e se dediquem a determinadas atividades previstas em lei. (*Vide website* www.mj.gov.br).

As Oscips podem firmar (sem licitação) termos de parceria com o poder público para receber recursos na execução de projetos. A vantagem fiscal de uma Oscip em relação aos demais tipos de organização é a possibilidade de pagamento de remuneração aos diretores mantendo-se isenção de imposto de renda da pessoa jurídica.

Organizações com fins econômicos

Sociedades

Celebram contrato de sociedade as pessoas (físicas ou jurídicas) que, reciprocamente, obrigam-se a contribuir, com bens ou serviços, para o exercício de atividade econômica e a partilha, entre si, dos resultados.

Há dois tipos básicos de sociedade:

⇒ **Simples**; ou

⇒ **Empresária**.

A distinção entre os tipos de sociedade se dá pelo grau de organização existente.

As sociedades **simples** são, em geral, de menor porte e usualmente se dedicam a atividades de natureza intelectual, literária, artística, científica (arquitetura, comunicação, segurança).

E dependem da atuação pessoal dos sócios para funcionar.

Exemplos: escritórios de profissionais como advogados, arquitetos, artistas, contabilistas, engenheiros.

As sociedades **empresárias**, por sua vez, caracterizam-se pela maior complexidade na organização de fatores de produção, ou seja, quando o negócio não mais depende do trabalho direto de seus sócios e passa a contratar empregados, a ter outras sedes de funcionamento e outras pessoas jurídicas fornecedoras, basicamente.

As sociedades podem optar pelo modelo de responsabilidade limitada ou de sociedade anônima por ações.

Sociedades Limitadas

⇒ Tipo mais comum de sociedade;

⇒ Há uma limitação da responsabilidade dos sócios ao valor de suas quotas do capital social, ou seja, a responsabilidade é limitada ao valor que cada sócio integralizou no capital social[2].

Sociedades Anônimas

⇒ Caracteriza-se pela emissão, na sua criação, não de quotas em nome dos sócios, mas sim de ações ao portador (também chamadas títulos mobiliários);

⇒ São reguladas pela Comissão de Valores Mobiliários (CVM).

---

2. Capital social: valor em bens ou em espécie que cada um dos sócios transfere (ou integraliza) à sociedade.

As sociedades anônimas podem ser de dois tipos:

⇒ **Abertas** (com capital – ações – negociadas em bolsa de valores);

⇒ **Fechadas** (com ações distribuídas particularmente e não cotadas/ negociadas em bolsa de valores).

As sociedades abertas têm que prestar satisfações ao público, uma vez que suas ações estão disponíveis no pregão das bolsas de valores e podem ser livremente negociadas.

O nível de exigência quanto à transparência cresce à medida em que crescem as suas operações e, consequentemente, a relevância da empresa no mercado de ações.

As sociedades têm que ter, obrigatoriamente, em seu contrato social:

⇒ a qualificação completa dos sócios;

⇒ a denominação (razão social), objeto, sede e prazo de duração da sociedade (normalmente por tempo indeterminado);

⇒ as regras sucessórias (em caso de morte ou impedimento de algum de seus sócios)

⇒ capital social (pode ser composto por qualquer espécie de bem passível de avaliação);

⇒ participação em quotas ou ações de cada sócio (no caso de sociedade aberta as ações têm um lançamento inicial ao público – *IPO* – ou *Initial Public Offering*)[3];

⇒ definição dos administradores.

---

3. No Brasil, há ações com direito a voto (chamadas ações ordinárias) e ações sem direito a voto (ditas preferenciais, que preferenciais o são em relação a recebimento de dividendos).

Cooperativas

Constituem um tipo especial de organização, criado pela Lei Nº. 5.764/1971.

Celebra-se um contrato de sociedade cooperativa entre (pelo menos vinte) pessoas que reciprocamente se obrigam a contribuir com bens ou serviços para o exercício de uma atividade econômica de proveito comum e sem objetivo de lucro.

Os cooperativados recebem valor predeterminado pelos seus serviços prestados.

O modelo cooperativo é bastante utilizado no meio artístico.

Companhias de dança, teatro e ópera, pelo caráter empreendedor e igualitário de todos os seus membros, do diretor à camareira, do compositor ao músico, do ator ao contra-regra, partem para a criação de cooperativas em virtude de vantagens fiscais e operacionais do modelo.

Microempreendedor Individual - MEI

(Fonte: http://www.portaldoempreendedor.gov.br/)

Microempreendedor Individual (MEI) é a pessoa que trabalha por conta própria e que se legaliza nessa modalidade.

Para ser um microempreendedor individual é permitido faturar no máximo até R$ 60.000,00 por mês e não ter participação em outra empresa como sócio ou titular.

O MEI também pode ter um empregado contratado que receba o salário mínimo ou o piso da sua categoria profissional.

A Lei Complementar Nº. 128, de 19/12/2008, criou condições especiais para que o trabalhador conhecido como informal possa se tornar um MEI legalizado.

Entre as vantagens oferecidas por essa lei está o registro no Cadastro Nacional de Pessoas Jurídicas (CNPJ), o que facilita a abertura de conta bancária, o pedido de empréstimos e a emissão de notas fiscais.

Além disso, o MEI será enquadrado no Simples Nacional e ficará isento dos tributos federais (Imposto de Renda, PIS, Cofins, IPI e CSLL).

Assim, pagará apenas o valor fixo mensal de R$ 34,90 (comércio ou indústria), R$ 38,90 (prestação de serviços) ou R$ 39,90 (comércio e serviços), que será destinado à Previdência Social e ao ICMS ou ao ISS. Essas quantias serão atualizadas anualmente, de acordo com o salário mínimo.

Com essas contribuições, o Microempreendedor Individual tem acesso a benefícios como auxílio-maternidade, auxílio-doença, aposentadoria, entre outros.

Empresa social ou negócio social

São empreendimentos cuja atividade principal (*core business*), oferece solução para problemas sociais, utilizando mecanismos de mercado.

Em termos gerais, o negócio social:

(1) vende um produto ou serviço que contribui para melhorar a qualidade de vida da população de baixa renda;

(2) tal produto ou serviço principal é capaz de sustentar financeiramente a empresa, de forma que ela não dependa de doações ou captação de recursos para as suas operações;

(3) apresenta inovação no modelo de negócio (por exemplo, no modelo de distribuição, no produto ou serviço, no sistema de precificação);

(4) tem potencial de alcançar escala e operar de maneira eficiente;

(5) há comprometimento do empreendedor e de sua equipe em melhorar a qualidade de vida da população de baixa renda.

APÊNDICE 3

Relacionamento institucional

É impossível dissociar qualquer estudo de organizações do contexto econômico atual.

⇨ a Economia é a ciência que tem por objeto o conhecimento dos fenômenos respeitantes à produção, distribuição e consumo de bens e serviços de uma sociedade;

E ainda os conceitos básicos de:

⇨ macroeconomia: disciplina que estuda os aspectos globais de uma economia, principalmente o nível geral de produção e as relações entre os diferentes setores; examina relações entre países;

⇨ microeconomia: disciplina que analisa unidades econômicas específicas, consideradas isoladamente e nas suas relações mútuas; examina relações entre empresas.

Quando analisamos o processo administrativo de uma forma mais ampla, o que encontramos? Um macroambiente. Neste macroambiente estão organizações que, como já vimos, pertencem a diferentes setores: primeiro (organizações governamentais), segundo (organizações privadas) e terceiro (organizações da sociedade civil).

Tais organizações relacionam-se entre si, uma vez que, na busca do cumprimento de seus objetivos e atribuições, muitas vezes dependem umas das outras.

Exemplo:

No campo da saúde, a abertura e o funcionamento de uma clínica particular especializada no atendimento infantil particular dependem, dentre outras organizações:

⇒ da Secretaria de Saúde do município em questão – que cumprirá um papel ao lado da prefeitura na emissão do alvará de funcionamento da clínica;

⇒ do Ministério da Saúde (governo federal) – se a clínica quiser atender a pacientes do SUS (Sistema Único de Saúde);

⇒ dos planos de saúde – para o atendimento a pacientes-clientes conveniados;

⇒ da Sociedade Brasileira de Pediatria – se quiser ostentar um credenciamento em sua especialidade, o que pode render-lhe, pelo prestígio, maior clientela.

Neste caso, a clínica pediátrica estabeleceria contato com os três segmentos:

⇒ Primeiro setor: Secretaria de Saúde do município e Ministério da Saúde;

⇒ Segundo setor: Operadoras de planos de saúde;

⇒ Terceiro setor: Sociedade Brasileira de Pediatria.

Como se dão esses relacionamentos? É interessante refletir sobre isso.

Um relacionamento sempre se estabelece por meio de pessoas.

Mesmo em uma relação absolutamente formal, uma agência governamental (a Secretaria de Saúde do exemplo), ao solicitar documentos à clínica, o fará por intermédio de um ofício, documento assinado por uma pessoa responsável.

Por sua vez, a clínica também pode estabelecer contato formal com outras organizações e isto se dará a partir de contatos presenciais ou não, mas sempre de pessoa a pessoa.

Apêndice | 155

Organizações são pessoas, basicamente. E a essas pessoas são providas ferramentas de trabalho, menos ou mais sofisticados dependendo do ramo de cada atividade.

A figura abaixo representa os componentes de uma organização qualquer. Em nossa visão, as pessoas estão no topo das prioridades de qualquer negócio.

As seis variáveis que constituem uma organização (concepção do autor)

APÊNDICE 4

Você, ou seu negócio, bem, na imprensa: os instrumentos clássicos de relações públicas

Os instrumentos utilizados no relacionamento com a imprensa são:

News release

Trata-se de nota ou sugestão de pauta enviada à imprensa contendo o que se deseja comunicar/divulgar. O conteúdo precisa ter algum interesse especial (principal critério que determinará se o jornalista divulgará ou não a "notícia" ao seu público) para a comunidade de leitores/espectadores. Deve ser apresentado respondendo às seis perguntas clássicas do jornalismo: o quê, quem, quando, onde, como e por quê?

Press kit

Material que se soma ao *news release* e fornece ao jornalista elementos que possibilitarão uma melhor divulgação da matéria. Muitas vezes a riqueza desse material – fotos, documentos comprobatórios etc. – será determinante para seu aproveitamento ou não pelos veículos de comunicação.

Entrevista coletiva

Dada a relevância do tema a ser divulgado, justifica-se a realização de entrevistas coletivas à imprensa – local e hora em que todos os veículos recebem a informação a ser divulgada e na qual a fonte estará disponível para responder às perguntas da imprensa.

Entrevista exclusiva

Tendo em vista, muitas vezes, o caráter de grande novidade de um produto ou serviço, este tipo de estratégia pode ser mais eficaz. Convida-se apenas um veículo considerado importante pela organização (dentre os veículos da imprensa geral ou especializada), o qual publicará aquele conteúdo com exclusividade.

Em jargão jornalístico, a informação em primeira mão funcionará como um "furo" em relação aos veículos concorrentes.

Proximidade com a imprensa

O profissional de relações públicas deve manter estreito contato com os jornalistas. Isto promove um diálogo mais próximo, útil ao assessor e seu representado. Por este motivo, cada vez mais ex-jornalistas de redação lançam-se à prestação de serviços de relações públicas/assessoria de imprensa. Sua intimidade com o meio e com os ex-colegas os coloca como privilegiados nesta interlocução, mas isto pode causar percalços éticos...

A aproximação com repórteres, redatores e editores das seções com as quais a organização mais se relaciona – em função de editorias especializadas do veículo – deve ser estimulada e mantida para, numa ação preventiva, ter mais efetividade do que a ação corretiva dos já citados "bombeiros" nas crises de imagem.

Infelizmente, um modelo de "jornalismo de assessoria" instalou-se no país em torno de 25 grandes empresas que, são, hoje, "donas" do que é publicado nas páginas de jornais e revistas e nas ondas de rádio e TV.

Se, por hipótese tais "assessorias" fizessem um *lockout*, no dia seguinte não haveria jornais nas bancas ou telejornais "no ar". Instalou-se um modo preguiçoso em que a organização "contenta-se" com a emissão de uma "nota à imprensa".

Um caso típico de "como não deveria ser"

A Cedae (companhia de águas e esgotos do estado do Rio de Janeiro), em 2013, deixou quase todo o Rio de Janeiro sem água...

Imediatamente produziu uma "nota" culpando a Light pela interrupção de fornecimento de energia que causara a falta d'água.

A Light, por sua vez, cedendo ao que denominamos "guerra de notas", publicou a sua "nota à imprensa", "informando ao público" de que sua interrupção fora pontual, parcial, de mínima duração, e avisada com a devida antecedência à Cedae...

E, assim, fica o público "devidamente informado" a partir de um "bate-boca" de empresas – pela imprensa – e ninguém assume a responsabilidade civil pelos danos por ventura causados.

Péssimo jornalismo.

Quem perde?

A cidadania.

E, em última análise, a democracia.

APÊNDICE 5

O universo tridimensional das Relações Públicas

Resenha do livro "Relações Públicas: teoria, contexto e relacionamentos", de James Grunig, Maria Aparecida Ferrari e Fábio França, lançado pela Difusão Editora, em 2009 (publicada na revista Organicom, 2º semestre, 2009).

Na infância das organizações, propaganda. Na adolescência, assessoria de imprensa. Na maturidade, cidadania corporativa – objeto direto das relações públicas excelentes defendidas por Grunig, Ferrari e França em seu novo livro.

É auspicioso ter James Grunig entre nós. Entenda-se o "nós" como uma carona que os interessados em relações públicas vão pegar na esteira de Fábio França e Maria Aparecida Ferrari, que tiveram, não só o mérito de interagir em pessoa com o mestre, mas de trabalhar com ele nesta obra – que passa a ser uma das pedras fundamentais do caminho que leva à consolidação da área em novas bases no nosso país.

Novas porque há, agora, neste século XXI, um surto de consciência – que julgamos crônico e perene, ainda bem – das organizações para com as suas responsabilidades públicas.

Deram-se os gestores a compreender, finalmente, que toda e qualquer ação que ocorra dentro de suas empresas, repartições estatais ou ONGs, ultrapassa os limites concretos de suas sedes, não só por seus produtos, serviços e causas, mas, também, pela via – virtual – da comunicação. Virtual no sentido *lato*

ESTÁGIO DE DESENVOLVIMENTO DA COMUNICAÇÃO NUMA ORGANIZAÇÃO

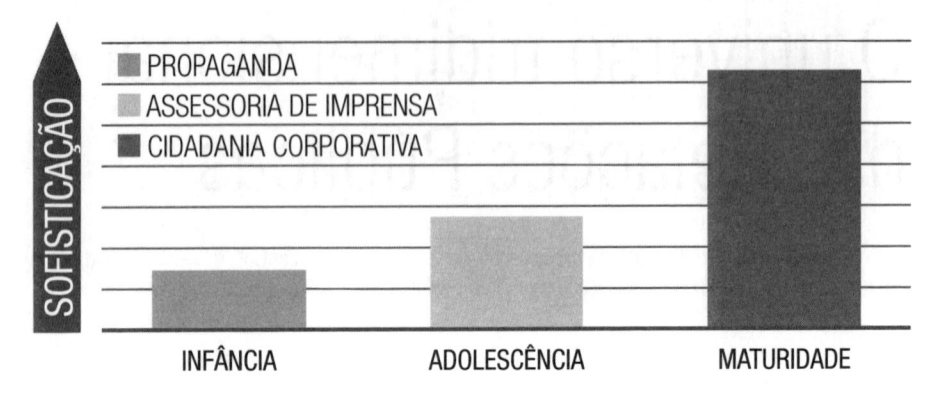

SOFISTICAÇÃO

- PROPAGANDA
- ASSESSORIA DE IMPRENSA
- CIDADANIA CORPORATIVA

INFÂNCIA — ADOLESCÊNCIA — MATURIDADE

da palavra, sempre, e hoje, cada vez mais, *virtual* no sentido estrito do termo, imposto pela tentacular internet.

A comunicação de que se precisa desesperadamente não é mais aquela "de marketing" ou a dita "espontânea", fruto das relações com a imprensa. É, enfim, uma "comunicação simétrica de mão dupla" – as relações públicas excelentes – conceito consubstanciado pelo próprio Grunig.

Do gerencial ao estratégico – caminho que ainda temos que percorrer, no Brasil – Grunig relata, no ambiente sob sua ótica, o das companhias estadunidenses, uma passagem ontológica, filosófica.

As relações públicas deixam sua aura de oferta de serviços e passam à de táticas integradas. Da reação à ação. Da réplica ao diálogo franco.

Parece pueril. Mas a lógica da internet o é, inteiramente, e as relações internauta-organização são regidas pelo "toma lá da cá" das insatisfações tão comuns numa relação de consumo.

Websites do tipo "eu odeio a empresa X" pululam na rede e as organizações não podem simplesmente ignorá-los.

A Petrobras, recentemente, por ocasião dos jogos pan-americanos, nos quais foi uma das patrocinadoras mais ativas, vendo-se alvo de inúmeros vídeos caseiros postados no YouTube, passou de uma atitude em que no passado a "gestão de marca" abriria processos judiciais por uso indevido e desrespeitoso, para a criação de uma promoção do tipo "quem fizer o melhor vídeo sobre a Petrobras nos 'Jogos' ganha prêmios e tanque cheio por um ano", além de exibição dos "finalistas" no portal da estatal na internet.

Por último, mas não menos importante, podemos citar a oportunidade que Grunig nos dá, àqueles que buscamos formar novos relações-públicas Brasil afora, de demonstrar a gestores públicos e privados, o quão útil é a presença de perfis sensíveis ao trato da "coisa pública" no *board* das organizações.

Não se trata mais de querer "empurrar" goela abaixo, nas organizações, um relações-públicas, por força de lei — isto é velho e já comprovou-se ineficaz e até criador de dura resistência à nossa área —, mas, sim, de propor, que ao lado de preocupações financeiras, legais e de negócios, as organizações (empresarias, governamentais e da sociedade civil) precisam adicionar o componente relacional para além do consumo em suas decisões estratégicas de mais alto nível, admitindo o teor de rejeição ou aprovação que terão de comunidades, de governos e de organizações do terceiro setor quando forem instalar uma nova unidade industrial, uma nova penitenciária ou um novo assentamento rural.

A publicação desta contribuição de James Grunig no Brasil tem alto significado não só para os profissionais, professores e estudantes de Comunicação, mas, sobretudo, para os consultores e administradores envolvidos com a realidade sociocultural das organizações, os quais terão um poderoso aliado, conciso e objetivo, na defesa da adoção do *pensar institucional* proporcionado pelas relações públicas.

Walter Nori, que apresenta a obra, e Ramiro Prudencio, da Burson Marsteller, que a recomenda, não nos deixam mentir.

Fábio França, a partir de sólida experiência profissional no campo do relacionamento interinstitucional, vai além do conceito fundamental do relações-públicas como mero identificador/cuidador, um *issue manager*, a tempo e a hora, sobretudo nas crises de imagem pública.

Chega ao conceito de administrador de relacionamentos, estes sim, perenes na vida de qualquer organização, que, por definição, é um corpo criado "por tempo indeterminado". Não temos mais só o conceito de "públicos de interesse" ou *stakeholders*.

O que França bem sistematiza são os "modos" de relacionamento de qualquer corporação: oficiais, políticos, negociais, promocionais e sociais. E propõe uma gestão eficaz desses "modos", que aproveite todo o corpo funcional das organizações. Desvenda, em nossa opinião, os místicos e impróprios (nossa opinião) domínios do "endomarketing" e do "marketing de relacionamento", chegando ao, hoje imprescindível, *locus* das redes sociais, que a *web* tornou ubíquas.

França cumpriu a mais desejável trajetória que se possa querer no campo das relações públicas. Viveu o desafio diário da busca de integração de interesses no contexto empresarial e trouxe esta bagagem para o âmbito da academia, transformando o fazer em saber compartilhado.

Por sua vez, é muito instigante a análise que Maria Aparecida Ferrari faz da "vulnerabilidade" das organizações – um conceito sempre presente nesta, como denomina Mário Rosa, "era do escândalo".

E, também, a aproximação, baseada em pesquisa, de um universo de 22 organizações às conclusões dos estudos de Grunig com os modelos de relações públicas praticadas no Brasil, além de considerações históricas sobre a formação dos executivos que atuam na área da comunicação e os papéis desempenhados pelos relações-públicas no contexto das organizações latino-americanas.

Apresenta-se, o profissional oriundo dos cursos brasileiros de Relações Públicas, alguém com uma visão holística de negócios, muito mais que mero identificador/cuidador, um *issue manager*, a tempo e a hora, sobretudo nas crises de imagem pública.

Muito mais um "administrador de relações", estas sim, perenes na vida de qualquer organização, começando pela "internas", para alinhar-se ao pensamento global de que organizações são feitas (internamente, constitucionalmente) de pessoas, e voltam-se (externamente, institucionalmente) a... pessoas, também (clientes, consumidores, usuários, admiradores, amigos), para continuar existindo, de forma estratégica e sustentável – contexto inescapável da cultura organizacional na complexa contemporaneidade.

Em suma, a obra – doravante essencial nos cursos de graduação e, sobretudo, nos de pós-graduação em relações públicas e comunicação institucional, em que profissionais de diversas formações estão em busca do conhecimento produzido em nossa área – perpassa os três eixos que compõem o que denominamos "cubo lógico" (*vide* figura ilustrativa a seguir), ou "universo tridimensional das relações públicas": o **eixo administrativo**, o **eixo mercadológico** e o **eixo político**, desvendando novas abordagens e compreensões para a área.

CUBO LÓGICO DAS RELAÇÕES PÚBLICAS

EIXO 3

EIXO 2

EIXO 1

1. EIXO ADMINISTRATIVO

2. EIXO MERCADOLÓGICO

3. EIXO POLÍTICO

APÊNDICE 6

Pós-graduação *stricto sensu* em Relações Públicas: demanda urgente

Autoria: Ewerton Luis Faverzani Figueiredo e Manoel Marcondes Machado Neto

> "O marketing entrou na era das relações públicas. No futuro, podemos prever o crescimento explosivo do setor de RP".[1]

> "A agência que abri em Nova York, diferentemente do que se poderia normalmente esperar de mim, não é uma agência de publicidade. É uma agência de relações públicas. Todas as vezes que falo isso, vejo sempre sobrancelhas levantadas. De interrogação, de perplexidade ou de dúvida. Mas tenho certeza absoluta de que é com relações públicas, e não com publicidade, que as empresas brasileiras vão construir suas marcas no mundo. Afinal, não temos dinheiro para construir marcas mundiais pagando os imensos custos de mídia de um mercado global caro, fracionado e complexo".[2]

No Brasil, hoje, as Relações Públicas (RP) se destacam tanto como prática profissional e empresarial como acadêmica. Não podemos mais pensar em uma atuação consequente na área sem aliar conhecimento científico às experiências práticas. O mercado exige aprendizado continuado e capacitação permanente, não só na área específica, como também nos campos "matrizes" de RP: Sociologia, Psicologia, Filosofia, Economia, Administração, Marketing, Sistemas, entre outros.

---

1. Al Ries é um dos estrategistas de marketing mais conhecidos do mundo e trabalha em inúmeras empresas incluídas na lista das 500 maiores da revista Fortune: "*PR has credibility. Advertising does not. PR provides the positive perception that an advertising campaign, if properly directed, can exploit*". Fonte da epígrafe (em tradução livre): Al Ries & Laura Ries. The fall of advertising and the rise of Public Relations. New York, Harper Business. 2002.
2. Nizan Guanaes. In: *Folha de São Paulo*, Mercado, 20/09/2011. P. B8.

RP: história recente.
Nos Estados Unidos e no Brasil

Com o surgimento da atividade de relações públicas em 1906, a partir do pioneiro trabalho do ex-jornalista (dado fundamental, fundador e inescapável, pois que requisito ético) Ivy Lee[3] no assessoramento da imprensa com vistas à melhoria da imagem do magnata John Rockefeller diante da opinião pública estadunidense, tornando-o de "empresário insensível e ganancioso" – um dos chamados *robber barons* – em um "grande investidor e incentivador da filantropia", a então nova profissão foi ganhando formato bem diferenciado.

A propósito, o também milionário (e igualmente odiado) Andrew Carnegie viria a ser, depois, outro daqueles barões a ter radicalmente mudada sua imagem pública a partir de ações de relações públicas.

No Brasil, a atividade de RP tem início em 1914, a partir do trabalho do engenheiro Eduardo Pinheiro Lobo, relações-públicas da *The São Paulo Tramway Light and Power Company*, depois apenas Light Serviços de Eletricidade e, atualmente, Eletropaulo. Pinheiro Lobo é considerado o patrono da profissão no país.

Quatro décadas se passaram até que a atividade fosse oficializada no país. Em 1951 surge o primeiro departamento específico de Relações Públicas em uma empresa brasileira, a CSN (Companhia Siderúrgica Nacional). E em 1954 é fundada a ABRP (Associação Brasileira de Relações Públicas), mais tradicional

---

3. Ivy Lee fora jornalista no The New York Times e percebeu que, ao lado da propaganda (paga, e remunerada às agências por percentual) ainda muito tosca e apenas vendedora, teria lugar uma outra forma de relacionamento com a opinião pública "via" imprensa. Exemplarmente, abandonou a redação – hoje, nos EUA e na Europa o assessoramento de imprensa e o exercício do jornalismo são incompatíveis, por conflituoso e anti-ético – e passou a dedicar-se a uma nova atividade, inicialmente como profissional liberal, depois como empregado em empresas. Surgiam as relações públicas profissionais – divulgação junto à imprensa de temas propostos pelas organizações em seu exclusivo interesse. Não paga aos veículos, a atividade de relações públicas (remunerada à base de honorários fixos) ganhou, na mídia, muito tempo depois, o apelido de "free publicity", ou mídia espontânea, numa tradução que os jornalistas brasileiros reprovam. 1906 é um marco porque data o primeiro "press release" emitido por Lee, "abrindo" a empresa aos jornalistas após um grande acidente ferroviário em Atlantic City. Em 1919 deixou o emprego na Pennsylvania Railroad e fundou sua própria empresa de consultoria de relações públicas, a Ivy Lee & Associates.

entidade do setor e principal esteio para a criação, em 1969, do Sistema Conferp-Conrerp, amparando a profissão regulamentada desde 1967[4], sob um código de conduta ética específico.

Edson Schettine de Aguiar, presidente do Conferp na gestão 1992-1995, sobre aquela fase, relata: "Maria Stella Thomazi, que exerceu com grande brilho todas as funções diretivas da Associação Brasileira de Relações Públicas, em sua dissertação de mestrado, ao analisar a questão "Administração *VERSUS* Comunicação Social", lembra que, até 1968, os profissionais de relações públicas registravam-se no Conselho Regional de Técnicos de Administração (CRTA), nos termos da Lei 4.769 de 09/09/1965.[5]

Na academia, os cursos de Relações Públicas têm seu início no mesmo ano de 1967, na Escola de Comunicações e Artes da Universidade de São Paulo, como uma habilitação dos recém-criados cursos de Comunicação "Social".[6]

Posteriormente difunde-se o ensino superior de Relações Públicas por todo o país.

Hoje, há no Brasil pouco mais de uma centena de cursos de bacharelado na área.

---

4. De 1965 a 1967 os relações-públicas em exercício no Brasil registravam-se no Conselho Regional de Técnicos de Administração (CRTA). E de 1967 a 1969 cumpriu-se o prazo de dois anos para a concessão do registro profissional próprio (no Conselho Regional de Profissionais de Relações Públicas - Conrerp) aos que praticavam a atividade sem formação específica (concessão de provisionamento profissional). De 1970 em diante os relações-públicas profissionais seriam apenas aqueles bacharéis em Comunicação Social com habilitação específica em Relações Públicas.
5. "Convergência é a palavra" (Intermezzo), in MACHADO NETO, Manoel Marcondes. Relações Públicas e Marketing: convergências entre Comunicação e Administração. Rio de Janeiro, Conceito Editorial. 2008. P. 102.
6. Na década de 1970, as duas áreas estiveram confrontadas na realização da XI Conferência Interamericana de Relações Públicas (1973), quando a Delegação Brasileira apresentou uma tese do Prof. Caio Amaral com a sugestão de que o ensino de relações públicas fosse ministrado nas Escolas de Administração. O assunto era bastante controvertido, pois o Governo Brasileiro já havia decidido que o ensino de relações públicas ficaria inserido no âmbito da Comunicação Social, nos termos da Resolução 11, de 06/08/1969, após brilhante parecer do prof. Celso Kelly, abrangendo também o ensino de Jornalismo, de Publicidade & Propaganda e de Editoração, estabelecendo a polivalência do diploma de Bacharel em Comunicação Social. "Convergência é a palavra" (Intermezzo), in MACHADO NETO, Manoel Marcondes. Relações Públicas e Marketing: convergências entre Comunicação e Administração. Rio de Janeiro, Conceito Editorial. 2008. P. 101.

Necessidade de aprimoramento surge logo, no campo

Logo ao ingressar no campo de trabalho, os novos profissionais sentem a necessidade de aprimorar seus conhecimentos a fim de, além de atualizar suas habilidades estratégicas de implementação de projetos e planos de Relações Públicas, agregar mais conhecimentos de Marketing, de Economia Política e de Direito, visando sua integração ao pensamento complexo e global hoje presente nas organizações.

Nesse contexto, muitos procuram capacitação em cursos de especialização em comunicação empresarial ou "corporativa", ou de Administração, de Marketing e Relações Internacionais, entre outros.

Aqueles que visam uma carreira acadêmica recorrem a programas de mestrado ou doutorado em Ciências da Comunicação, ou em outras áreas do conhecimento.

Falta, claramente, o *stricto sensu* na área de Relações Públicas. E não só para atender à necessária educação continuada dos próprios relações-públicas de formação, mas, também, para prover conhecimentos técnicos a outros bacharéis interessados na visão diferenciada de Relações Públicas sobre os negócios.

Área de pesquisa, no CNPq, é uma só: Relações Públicas e Propaganda – ambas sub-áreas carentes de aprofundamento científico

Os programas de mestrado e doutorado em Ciências da Comunicação, em sua maioria, cobrem as áreas de Jornalismo, de Rádio e TV, Cinema, Semiótica e de Cultura. O enfoque é específico em criação, mediação e recepção, deixando a desejar em termos de conteúdos voltados a temas candentes como mídia comercial, tecnologias de comunicação aplicadas a negócios e comunicação de marketing.

Hoje, existem no país menos de três dezenas de cursos de pós-graduação *stricto sensu* – mestrado e doutorado – na área de Comunicação. É pouco.

Urge, portanto, a criação de cursos de Mestrado e Doutorado específicos em Relações Públicas – o que se justifica pela avalancha atual de demandas pela atividade e seus perfis especializados.

As maiores empresas de Relações Públicas, tais como Edelman Worldwide, Hill and Knowlton, Burson-Marsteller e Porter Novelli, estão no país e não raro "importam" profissionais, porque aqui o mercado viciou-se na prática "torta" de contratar jornalistas de redação para exercer as chamadas "relações com a imprensa" – algo impensável nos países mais desenvolvidos, onde tal prática é tida como típico conflito de interesses – algo imoral, antiético e ilegal.

Apesar de tudo, o Brasil notabiliza-se pela qualidade de seus pesquisadores na área. Na Intercom – Sociedade Brasileira de Estudos Interdisciplinares da Comunicação – e, mais recentemente, na Abrapcorp – Associação Brasileira de Pesquisadores de Comunicação Organizacional e Relações Públicas –, produz-se conhecimento que se difunde em publicações especializadas.

O Brasil é tido como um país relevante em termos de pensamento na área de Relações Públicas.

Só para citar uma aproximação recente, temos James E. Grunig, um dos seus maiores pesquisadores, vem trabalhando em parceria com pesquisadores brasileiros. Seu livro em conjunto com Maria Aparecida Ferrari e Fábio França, intitulado "Relações Públicas: teoria, contexto e relacionamentos", de 2009, é produto desta colaboração.[7]

---

7. *Link* para a resenha, na *web*: (http://revistaorganicom.org.br/sistema/index.php/organicom/article/download/219/319).

O país não fica fora do seleto círculo de pesquisadores reconhecidos internacionalmente na área com autores como Cândido Teobaldo de Souza Andrade e seus "Fundamentos psicossociológicos das relações públicas"; Fábio França, com o estudo sobre a "Conceituação lógica dos públicos"; Cicilia Krohling Peruzzo, com o seu pioneiro "Relações públicas no modo de produção capitalista" e Roberto Porto Simões com os títulos "Relações Públicas: função política", "Relações Públicas e Micropolítica" e "Informação, inteligência e utopia: contribuição para uma teoria de relações públicas".

A professora titular da matéria, na USP, Margarida Kunsch – cujas obras, a começar pelo paradigmático "Planejamento de relações públicas na comunicação integrada" – pontifica em todos os concursos públicos brasileiros e é referência internacional no campo.

Pode citar-se, também, Luiz Beltrão, que contribui com seus estudos sobre "Folkcomunicação", José Benedito Pinho[8] e Roberto Fonseca Vieira[9] – autores de consolidada produção em Relações Públicas – além de novos pesquisadores ávidos pelo desenvolvimento das pesquisas em Relações Públicas, como Daiana Stasiak com seus estudos em Relações Públicas Digitais, com o conceito de "webRP" e Marcello Chamusca, com o conceito de RP aplicado à Realidade Virtual Aumentada a partir do uso das tecnologias móveis de comunicação.

Tais exemplos – que não esgotam a produção – são suficientes para mostrar a dimensão que o campo de estudos e pesquisas na área pode alcançar. O que não é pouco, ao constatarmos a ainda curta "vida acadêmica" que possuem as Relações Públicas frente a outros campos mais longevos.

---

8. Autor, entre outras obras, de "Relações públicas na internet: técnicas e estratégicas para informar e influenciar públicos de interesse". 2a. edição. São Paulo, Summus. 2009; "Propaganda institucional: usos e funções da propaganda em relações públicas". 4a. edição. São Paulo, Summus. 2003; "O poder das marcas". São Paulo, Summus. 1996.
9. Autor, entre outras obras, de "Relações Públicas: opção pelo cidadão". Rio de Janeiro, Mauad. 2002; "Comunicação Organizacional: gestão de relações públicas". Rio de Janeiro, Mauad. 2004 e "Jornalismo e Relações Públicas: ação e reação, uma perspectiva conciliatória possível" (com Boanerges Lopes). Rio de Janeiro, Mauad. 2004.

A partir desta análise, inúmeros profissionais e estudiosos da área já percebem a necessidade premente da implantação de programas de mestrado e doutorado específicos em Relações Públicas, não se limitando esta demanda somente ao Brasil, mas, também, a toda a América Latina. Mãos à obra, pois.

AUTORES

Ewerton Luis Faverzani Figueiredo é relações-públicas graduado pela Universidade Federal de Santa Maria (UFSM). Sócio-fundador e conselheiro do IPMS - Instituto de Pesquisa em Memória Social (www.memoriasocial.com.br). Reg. 3270 - Conrerp4.

Manoel Marcondes Machado Neto é relações-públicas graduado pela Universidade do Estado do Rio de Janeiro (UERJ). Doutor em Ciências da Comunicação (USP) e secretário-geral do Conrerp1 (2010-12). Edita o site www.rrpp.com.br. Reg. 3474 - Conrerp1.

Este artigo foi originalmente publicado no portal "nosdacomunicacao.com.br" em 02/10/2012.

APÊNDICE 7

Por uma análise institucional das organizações: a contribuição de Douglass North

Autoria: Lusia Angelete Ferreira
(Adaptado por Manoel Marcondes Machado Neto)

Este estudo bibliográfico pretende introduzir o pensamento diferenciado de um economista estadunidense pouco ou nunca citado na área de Relações Públicas – um campo em que um "pensamento institucional" é indispensável. Este pensador é Douglass North, que, apesar de prêmio Nobel de Economia de 1993, nunca teve seus livros traduzidos e publicados no Brasil.

Trata, seu pensamento, da evolução das organizações face a instituições vigentes ao longo do tempo. Nesse pequeno texto são adotados os conceitos de "instituições" e de "campo organizacional" contidos nas abordagens econômica e sociológica da chamada Teoria Institucional.

A Teoria Institucional

Hall e Taylor (2003) esclarecem que o neo-institucionalismo possui métodos de análise diferentes que configuram três escolas de pensamento: o "institucionalismo histórico", o "institucionalismo da escolha racional" e o "institucionalismo sociológico".

Na análise histórica, Hall e Taylor (2003, p. 196) ensinam que as instituições são "os procedimentos, os protocolos, normas e convenções oficiais e oficiosas inerentes à estrutura organizacional da comunidade política ou da economia política".

A abordagem sociológica concentra-se nas relações entre as organizações e os padrões "institucionalmente legitimados, enfatizando a homogeneidade entre os conjuntos de organizações" (CARVALHO, VIEIRA e GOULART, 2005, p. 863).

O neo-institucionalismo econômico considera que o "conjunto de regras do ambiente institucional estabelece as bases para a produção, o intercâmbio e a distribuição, moldando formas contratuais" (CARVALHO, VIEIRA e GOULART, 2005, p. 863).

Hall e Taylor (2003, p. 219) afirmam que as três correntes de pensamento da Teoria Institucional mantiveram-se isoladas, mas que cada uma delas "parece revelar aspectos importantes do comportamento humano e do impacto que as instituições podem ter sobre ele". Além disso, entendem que as três vertentes podem descobrir um campo de estudo em comum, no qual os conceitos utilizados se complementariam e reforçariam os preceitos de cada teoria.

Na abordagem sociológica, o ambiente em que as organizações interagem passou da noção de territorialidade do velho institucionalismo para a noção de "setores, áreas, indústria, campo" (CARVALHO, VIEIRA e GOULART, 2005, p. 866), com dimensões técnica e institucional.

O institucionalismo econômico também se descolou da "orientação particularista, localista e histórica" (CARVALHO, VIEIRA e GOULART, 2005, p. 866), para a especificação da matriz institucional e a análise microeconômica dos custos de transação da nova economia institucional.

Campo Organizacional

Vieira e Carvalho (2003, p. 3) ensinam que o conceito de *campo organizacional* é central na análise institucional porque permite identificar as empresas competidoras, as redes de organizações que se relacionam e exercem influências umas sobre as outras e "todos os atores relevantes cujos recursos de poder não sejam necessariamente de ordem econômica".

Segundo Di Maggio e Powell (2005), o campo organizacional é o conjunto de organizações que atuam em determinado ambiente institucional. Para esses autores, nesse campo organizacional, estão incluídas as organizações que controlam, regulam e estruturam outras organizações dentro do campo, além dos fornecedores, produtores e consumidores dos produtos e serviços oferecidos.

A representação a seguir, inclusão do autor deste livro, ilustra bem o desenvolvimento de um campo organizacional:

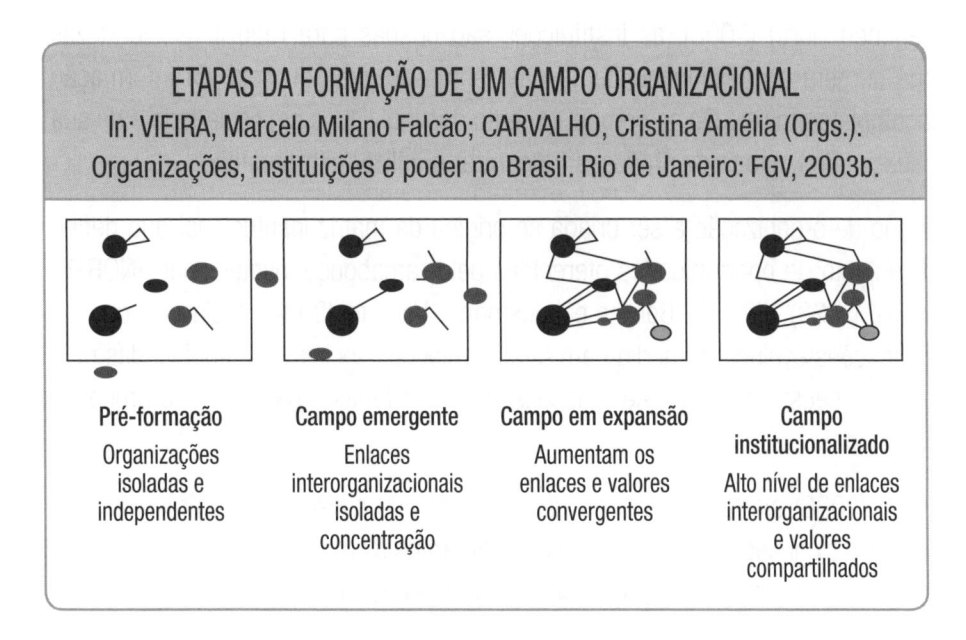

ETAPAS DA FORMAÇÃO DE UM CAMPO ORGANIZACIONAL
In: VIEIRA, Marcelo Milano Falcão; CARVALHO, Cristina Amélia (Orgs.). Organizações, instituições e poder no Brasil. Rio de Janeiro: FGV, 2003b.

Pré-formação	Campo emergente	Campo em expansão	Campo institucionalizado
Organizações isoladas e independentes	Enlaces interorganizacionais isoladas e concentração	Aumentam os enlaces e valores convergentes	Alto nível de enlaces interorganizacionais e valores compartilhados

Instituições

Os estudos de Douglass C. North (1990) procuram demonstrar que as instituições e a sua evolução ao longo do tempo são condicionantes do desempenho econômico. North (1991) teoriza que os arranjos institucionais exercem papel fundamental na riqueza das nações, pois formam a estrutura de incentivo da sociedade e especificamente das economias.

Para North (1991), as instituições são as regras aceitas consensualmente pela sociedade, que estruturam a interação econômica, social e política de uma nação e formam a estrutura de incentivos que permeia as ações dos indivíduos na sociedade.

As instituições compreendem as limitações informais (valores, tabus, normas de comportamento, costumes, tradições e códigos de conduta etc.), as regras formais (constituição, leis, direitos de propriedades etc.) e "os mecanismos responsáveis pela eficácia desses dois tipos de normas" (NORTH, 2006, p. 13).

Segundo North (2006), as instituições são criadas para reduzir as incertezas que surgem do desconhecimento das regras do jogo, ou seja, da informação incompleta em relação ao comportamento dos indivíduos em sociedade e da sua capacidade limitada de processar, organizar e utilizar a informação.

O tipo de organização a ser criada se origina da matriz institucional que define o conjunto de oportunidades oferecidas pelo "arcabouço institucional" (NORTH, 2006, p. 23). Citando Berger e Luckmann, Valente (2004) esclarece que as instituições evoluem à medida em que as relações sociais são modificadas pela ação de seus agentes e que é necessário entendê-las a partir do seu processo histórico.

North (2006) alerta que não há garantias de que a estrutura institucional dos benefícios concedidos às organizações determine o crescimento econômico. Isso porque, em algumas situações, essa estrutura pode "redundar em economias de altos custos de transação (e produção), que impedem o crescimento econômico" (NORTH, 2006, p. 10).

Como as instituições restringem e limitam o desempenho econômico, North (2006) afirma que os estudos econômicos deveriam considerar as inúmeras regras do jogo.

Assim, sugere que a primeira etapa para promover o desenvolvimento "é adquirir informação sobre o perfil da economia, a fim de identificar os custos de transação e produção, bem como as instituições responsáveis por tais custos" (NORTH, 2006, p. 21).

As seguintes etapas devem ser consideradas nesse empreendimento:

1. Delinear a estrutura de incentivos oferecidos pela economia, a fim de compreender os tipos de organizações existentes.

2. Conhecer os modelos mentais (teorias, ideologias, dogmas, visões) dos atores envolvidos, a fim de interpretar e analisar a direção tomada na solução dos problemas.

3. Explorar as características de incentivos das organizações existentes e os problemas surgidos entre atores e agentes econômicos.

De uma forma geral, observa-se que as oscilações do cenário político fragilizam as organizações públicas e privadas dos mais variados segmentos econômicos.

Drásticas mudanças das instituições formais também agravam esse cenário político, aumentando as incertezas de seus agentes.

Conclui-se que instituições deficientes criam um campo organizacional mais complexo, permeado por agentes que apresentam as seguintes mazelas: entes dependentes de recursos alheios, entes beneficiários de recursos públicos, e organizações governamentais institucionalizadas por leis que nem sempre conseguem lograr seus propósitos.

REFERÊNCIAS DESTE APÊNDICE

CARVALHO, Cristina Amélia, VIEIRA, Marcelo Milano Falcão e GOULART, Sueli. A trajetória conservadora da teoria institucional. Rio de Janeiro: FGV, Revista de Administração Publica, n. 39 (4:849-74), julho/agosto 2005.

DI MAGGIO, Paul J. e POWELL, Walter W. A gaiola de ferro revisitada: isomorfismo institucional e racionalidade coletiva nos campos organizacionais. São Paulo: RAE, vol. 45, n. 2, 2005.

HALL. Peter A; TAYLOR, Rosemary C. R. As três versões do neo-institucionalismo. São Paulo: Lua Nova, n. 58, 2003, disponível em www.scielo.br, consultado em março/2007.

NORTH, Douglass C. Institutions, institutional change and economic performance. New York: Cambridge University Press, 1990.

_____. Institutions. New York: Journal of Economic Perspectives – Volume 5, Number 1 – Winter 1991.

_____. Custos de transação, instituições e desempenho econômico. 3ª ed. Rio de Janeiro, 2006.

VALENTE, Elvio. O institucionalismo como referencial teórico. Rio de Janeiro: Revista ADM-MADE, ano 4, numero 8 – julho a dezembro, 2004.

VIEIRA, Marcelo Milano Falcão e CARVALHO, Cristina Amélia. Instituições e poder no Brasil. Rio de Janeiro: FGV, 2003.

APÊNDICE 8

Manifesto Sincrético: Relações Públicas e Administração

SALVADOR, BAHIA, 28 DE OUTUBRO DE 2012

A partir de um convite para participar do III Congresso Brasileiro de Administração, realizado a 25, 26 e 27 de outubro, em Salvador, Bahia, sob a organização da Faculdade Mauricio de Nassau e do Conselho Regional de Administração da Bahia – apresentando a palestra "Transparência como valor central da governança corporativa: uma abordagem de relações públicas" – amalgamaram-se reflexões passadas, sentimentos presentes e uma visão de futuro em torno de uma aproximação radical das Relações Públicas à Administração.

Relações Públicas: mais que Comunicação, Administração

Um retorno às origens, na verdade, pois que até a efetiva operação do Sistema Conferp-Conrerp (1970), profissionais relações-públicas registravam-se no Conselho Regional de Técnicos de Administração (CRTA), antecessor do atual Sistema CFA-CRA.

ANTECEDENTES

Em 1951, a CSN (Companhia Siderúrgica Nacional) criou o primeiro departamento de Relações Públicas de uma organização brasileira, já que o pioneiro setor no país, de 1914, fora criado no âmbito de uma multinacional canadense, a The São Paulo Tramway, Light and Power Company, sob a chefia de Eduardo Pinheiro Lobo (1876-1933), alagoano, engenheiro de formação, cuja data de nascimento, 2 de dezembro, foi consagrada por lei (No. 7.197, de 14/06/1984) como Dia Nacional das Relações Públicas.

Em 1954, a EBAP (Escola Brasileira de Administração Pública) da Fundação Getulio Vargas, no Rio de Janeiro, formava uma primeira turma em Relações Públicas a partir de curso ministrado pelo especialista estadunidense Eric Carlson.

Também em 1954 surgia a Associação Brasileira de Relações Públicas, associação que forneceu as bases institucionais e organizativas para a criação do Sistema Conferp-Conrerp.

Em 1967, pela Lei No. 5.377, foi regulamentada a profissão de relações-públicas no país. Após dois anos de concessão de registros profissionais "provisionados" aos comprovadamente praticantes de então, o registro passou a ser exclusivo dos bacharéis em Relações Públicas.

Em 1969 é criado o Sistema Conferp-Conrerp, autarquia federal de fiscalização profissional e regulação das atividades relativas à comunicação institucional no país, atividade privativa de relações-públicas – objeto, segundo a legislação, de ação que exige "Responsabilidade Técnica" (RT).

Dois livros-texto da graduação em Relações Públicas faziam parte da Biblioteca Pioneira de Administração e Negócios: "Relações Públicas: princípios, casos e problemas", de Bertrand Canfield (1960), e "Relações Públicas nas empresas modernas", de José Roberto Whitaker Penteado (1962).

AMBIENTE ATUAL:
A GOVERNANÇA CORPORATIVA

Governança Corporativa é um novo conceito – central na gestão de organizações empresariais, estatais e também do terceiro setor – surgido no contexto do mercado de ações, nos Estados Unidos, introduzido pela Lei Sarbanes-Oxley (EUA, 29/07/2002), após rumorosos casos de fraude contábil em empresas de capital aberto como Adelphia, Enron, Tyco International e WorldCom.

Trata-se de um conjunto de normas, processos, políticas, leis, regulamentos e instituições que regulam a maneira como uma organização é dirigida, administrada ou controlada.

O termo abrange o modo como uma organização se orienta e as relações com os seus diversos públicos de interesse (ditos "stakeholders"). Os principais, tipicamente, são: os acionistas, a alta administração e o conselho de administração. Outros envolvidos: funcionários, fornecedores, clientes, bancos e outros credores, instituições reguladoras (como a CVM, o Banco Central etc.) e a comunidade em geral – "atingida" normalmente via imprensa (fator-chave em relações públicas, no mundo todo e também no Brasil, sob a denominação "assessoria de comunicação" ou "de imprensa").

A governança corporativa ampara-se em condições exigidas, antes, por Estados e, também, pelas organizações da sociedade civil – de satisfações públicas, cujas premissas básicas e conceito-chave são:

⇒ EXISTÊNCIA DE UM CONSELHO SUPERIOR

⇒ DECISÕES COLEGIADAS (anti-autocracia)

⇒ COMUNICAÇÃO PÚBLICA

⇒ CONCEITO-CHAVE: TRANSPARÊNCIA

CITAÇÕES

"O marketing entrou na era das relações públicas. No futuro, podemos prever o crescimento explosivo do setor de RP".

(Al Ries e Laura Ries in "The fall of advertising and the rise of public relations" - HarperCollins Publishers. 2004).

"As empresas também devem comunicar-se com seus consumidores atuais e potenciais. Inevitavelmente, qualquer empresa exerce o papel de comunicadora ou promotora. Muitas empresas agora desejam que seus departamentos de relações públicas gerenciem todas as suas atividades tendo em vista o marketing da empresa e a melhoria do trabalho de base. Algumas empresas estão criando unidades especiais chamadas relações públicas de marketing para apoiar diretamente a promoção de produtos e, ainda, a promoção da imagem da empresa". (Philip Kotler, Marketing Management).

"[...] entre as maiores preocupações da administração nos dias atuais está a de comunicação... a comunicação em organização exige que as massas, sejam elas de empregados ou estudantes, compartilhem da responsabilidade por decisões até onde for possível... a comunicação em organização – e esta pode ser a verdadeira lição de nosso fracasso em comunicação e a verdadeira medida das nossas necessidades de comunicação – não constitui um meio de organizar. Ela é um modo de organizar, e esta lição não deverá ser jamais esquecida". (Peter Drucker, A nova era da administração).

ENUNCIADO/OBJETIVOS

Relações Públicas como um conjunto de táticas integradas à Administração com os objetivos de (1) aprimorar a governança corporativa de empresas privadas, órgãos estatais e organizações da sociedade civil; (2) prover a transparência efetiva desses entes pela otimização do relacionamento com seu público interno, acionistas e demais públicos de interesse; e (3) contribuir para a construção e a manutenção de boa reputação.

PARTICIPAÇÃO E ADESÃO AO MANIFESTO

A participação é livre, bem-vinda, e quer-se adesões à causa. Se você não concorda, ignore esta causa e crie a sua. O contraponto é saudável e esperado num ambiente democrático, de livre iniciativa e de culto à verdade – três condições indispensáveis para o exercício de plenas relações públicas.

Talvez este não seja o ambiente de negócios e de relacionamentos institucionais do país, hoje, mas é o país que tem que mudar, civilizando-se mais, sofisticando-se, e não os preceitos da atividade afrouxados para caber nos usos e costumes ainda toscos do Brasil.

Assinaram este Manifesto (até 21/12/2013)

Manoel Marcondes Machado Neto (reg. 3474/Conrerp1)

Marcelo Luiz Ficher (reg. 3704/Conrerp1)

Pedro Pacce Prochno, Conrerp2, 3920

Rodrigo Copetti da Rocha, Conrerp4, PR 549

Elaine Lina de Oliveira, Conrerp2, 3547

Vanessa Grazielle Cabral Gomes, Conrerp4, 2761

João Carissimi, Conrerp4, 969

Original ("versão 1") publicado em 28/10/2012: https://www.facebook.com/ManifestoRPeADM?fref=ts.

APÊNDICE 9

Transparência no Setor Público

Autoria: Maria Amália da Costa Bairral

Excertos da dissertação de mestrado "Transparência no Setor Público: uma análise do nível de transparência dos relatórios de gestão dos entes públicos federais no exercício de 2010", orientada pelo Prof. Dr. Adolfo Henrique Coutinho e Silva, apresentada em 06/02/2013 ao Programa de Pós-Graduação em Ciências Contábeis da Faculdade de Administração e Finanças da UERJ, e aprovada por Banca Examinadora composta, além do orientador, pelo Prof. Dr. Moacir Sancovschi, da Faculdade de Administração e Ciências Contábeis da UFRJ, e Prof. Dr. Manoel Marcondes Machado Neto.

Apresentação

A dissertação objetiva oferecer uma contribuição acadêmica sobre o nível de transparência pública federal nos relatórios de gestão anuais e os incentivos (político, institucional, governamental, social e financeiro) associados à divulgação da informação.

Aborda-se a perspectiva do chamado "conflito de agência" (*vide* Nota do Editor), assimetria informacional, e *public accountability* na divulgação da informação pública, isto é, os gestores governamentais tendem a disponibilizar uma informação assimétrica ao cidadão.

A pesquisa, empírico-analítica com regressão linear múltipla e análise de corte transversal, foi aplicada aos relatórios de gestão de 2010 de 115 entes públicos federais. Para tanto foi construído um índice de transparência pública federal (total, obrigatório e voluntário) dicotômico (binário) e policotômico (ponderado), baseado em estudos anteriores e na legislação nacional e adaptado ao cenário brasileiro.

Os resultados apontam um baixo nível de transparência pública federal (50%) dos itens de evidenciação, deficiência de *compliance* com as práticas de evidenciação obrigatória (80%) e baixa aderência às práticas de evidenciação voluntária (19%).

Ademais verificou-se uma uniformidade na divulgação da informação pública (total, obrigatória e voluntária) entre os entes públicos da administração indireta (autarquias – 54% e fundações – 55%), mas diferenças estatísticas significativas quando considerados estes e os entes da administração direta (órgãos públicos – 46%), que tendem a divulgar menos informação.

Relativo aos incentivos, se observa uma relação positiva do tipo do ente (incentivo governamental), da acessibilidade (incentivo social) e da demografia de pessoal (incentivo institucional) com o índice de transparência pública federal, enquanto a governança (incentivo governamental) apresenta uma relação negativa.

Todavia o porte (incentivo político), tamanho do núcleo de gestão (incentivo institucional), receita orçamentária e dependência federal (incentivo financeiro) não apresentaram relação com o índice.

Assim, a contribuição do estudo é revelar o atual estágio da transparência pública dos entes públicos federais, bem como os incentivos associados, e estas informações podem dar oportunidade de melhorias na evidenciação da informação pública nos relatórios de gestão anuais.

Introdução

A transparência da informação pública ganhou mais relevância social no Brasil a partir da promulgação da Lei Complementar Nº. 101/2000 (Lei de Responsabilidade Fiscal), que define normas rígidas sobre o endividamento dos entes federativos e o equilíbrio das contas públicas mediante o cumprimento de metas e resultados.

E, recentemente, com a edição da Lei de Acesso à Informação Pública Nº 12.527/2011, que regula o direito da sociedade em conhecer a execução das ações governamentais, bem como o dever da administração pública em divulgar uma informação transparente e relevante quanto a aplicação dos recursos públicos.

Nesse contexto, a transparência pública assume significativa importância no processo de prestação de contas (*accountability*) por:

(i) promover uma responsabilização do gestor público pela condução das ações governamentais, e

(ii) possibilitar um alinhamento entre os interesses do cidadão e do Estado, visando o bem estar social.

No entanto, as práticas de transparência pública ainda estão sujeitas a ideologias políticas e culturais, as quais podem gerar um desalinhamento desses interesses, como previsto pela Teoria da Agência[1].

Esse potencial conflito na relação contratual gera incertezas para o cidadão (principal) quanto ao cumprimento dos seus interesses pelo gestor (agente).

E como, no setor público, o monitoramento do trabalho deste último é avaliado mediante relatórios anuais de gestão, este pode revelar uma informação incompleta ou assimétrica, de forma a favorecer sua permanência no cargo e assegurar seus interesses pessoais em detrimento dos interesses do cidadão.

---

1. Nota do Editor

Teoria da Agência: conjunto de pressupostos que, em resumo, proveria melhor entendimento sobre a governança de órgãos e entidades, sob um sistema que as regula e controla, evitando o chamado "conflito de agência" no setor público, maximizando a probabilidade de que o comportamento ou ações do agente (altos administradores) sejam dirigidos pelo atendimento aos anseios do principal (sociedade), e não por seus próprios interesses. Nesse ambiente é que se estabelecem os princípios de transparência, equidade e prestação de contas (*accountability*).

Nesse contexto, o processo de transparência pública na divulgação de informações, principalmente, no novo cenário de universalização de padrões e conceitos contábeis exigidos pelas International Public Sector Accounting Standards (IPSAS), torna-se cada vez mais pertinente, uma vez que um relatório de gestão anual compatível com as boas práticas de evidenciação proporciona um valioso *feedback* tanto para os órgãos de controle como para o cidadão.

O primeiro com o objetivo de fiscalizar o desempenho da gestão pública, em consonância com os princípios constitucionais vigentes, e o segundo para avaliar se os atos públicos estão sendo praticados com eficiência, a fim de fazer valer os termos do seu Contrato Social.

Assim, os relatórios de gestão anuais são percebidos pela literatura internacional como um dos instrumentos capazes de mitigar o problema da assimetria informacional decorrente da relação de agenciamento estabelecida no Contrato Social, na medida em que, se adequadamente elaborados, disponibilizam tanto informações quantitativas como qualitativas acerca das ações governamentais. Somente de posse dessas informações, os cidadãos poderão escolher melhor seus representantes.

No ambiente acadêmico nacional, apesar de o tema suscitar grande interesse entre os pesquisadores, ainda pouco se sabe sobre o nível de divulgação das informações públicas e sobre os incentivos associados à transparência pública. Assim, os estudos científicos sobre o tema se configuram numa oportunidade singular de contribuição de forma direta e prática para a realidade do setor público.

Em face do exposto, as razões que justificaram a pesquisa são as seguintes:

(a) carência de estudos empíricos, no cenário brasileiro, com foco na análise dos incentivos que afetam o nível de transparência pública; e

(b) ausência de estudos nacionais que mensuram, a partir de relatórios de gestão anuais, a transparência pública.

Adicionalmente, o presente estudo incorpora alguns aprimoramentos, sugeridos pela literatura internacional, relativo às limitações observadas em estudos anteriores, quais sejam:

(a) identificação, a partir da literatura, de itens de evidenciação qualitativos e quantitativos da gestão pública;

(b) segregação dos itens de evidenciação entre voluntário e obrigatório;

(c) validação externa do modelo de índice de transparência; e,

(d) utilização de dois métodos de pontuação (dicotômico e ponderado) para mensurar o índice de transparência pública federal.

Logo, o potencial contributivo do estudo reside na ampliação da reflexão crítica sobre evidenciação (*disclosure*) no setor público, e, mais significativamente, na identificação dos incentivos atrelados a transparência pública.

Ademais, a partir dos achados, espera-se, também, uma contribuição prática, em termos de melhorias nos mecanismos de evidenciação da informação pública nos relatórios de gestão anuais, tanto para a sociedade como para os órgãos de controle.

Transparência da gestão pública

O significado da transparência, de acordo com o código das melhores práticas de governança corporativa do Instituto Brasileiro de Governança Corporativa – IBGC (2010) é "a obrigação de informar", e os gestores precisam adquirir o "desejo de informar", tendo consciência de que a adequada comunicação, interna ou externa, quando voluntária, acessível e célere, proporciona um clima de confiança para os usuários, dentro e fora da entidade.

Logo, os instrumentos de informação no setor público devem possibilitar o conhecimento dos resultados da ação governamental, inclusive comparando com o setor privado, para que o cidadão obtenha, no curto prazo, a confiança de que a governança pública está sendo competente no dispêndio dos recursos públicos.

A governança corporativa na gestão pública deve utilizar a definição dada pelo IBGC, pois estas entidades diferem apenas quanto à figura do acionista/cotista para o doador de recursos. E, desta maneira, as boas práticas de governança corporativa, nestas entidades, tem a finalidade de aumentar o valor da sociedade em termos de reconhecimento dos trabalhos prestados, bem como pelo seu resultado econômico produzido, facilitar seu acesso ao capital para manutenção via doações, subvenções etc. e, assim, contribuir para sua perenidade, para o atendimento de necessidades das gerações futuras. (SLOMSKI, 2007, p. 129)

No Brasil, a transparência da gestão pública teve como marco regulatório a promulgação da Lei Complementar Nº 101/2000 (Lei de Responsabilidade Fiscal - LRF) e, mais recente a promulgação da Lei de Acesso a Informação Pública Nº. 12.527/2011.

Ressalte-se, porém, que a estrutura básica legal sobre as regras de finanças públicas no Brasil é dada pela Lei Nº 4.320/64, que estabelece normas gerais para a preparação, a execução, a contabilização e a apresentação orçamentária nas três esferas de governo.

Para Sacramento e Pinho (2007), a transparência pública se constitui no principal foco da LRF, visto que, além de necessária desde o planejamento, traz um efetivo controle social que possibilita a responsabilização dos gestores públicos, ou seja, a *accountability*.

De acordo com o Pronunciamento Conceitual Nº 1 do GASB (Governmental Accounting Standards Board), o conceito de "*accountability*" está associado à exigência de respostas do governo para os cidadãos acerca dos recursos públicos e sua eficiente destinação. Assim, acredita-se que os cidadãos têm direito de conhecer os atos praticados na gestão pública, de forma a possibilitar um debate público entre estes e os governantes eleitos.

Destaca-se que a LRF não representou apenas uma mudança na transparência da gestão fiscal do país, mas introduziu regras rígidas quanto à elaboração e evidenciação de relatórios fiscais nas diferentes esferas de governo e sobre a apresentação dessas informações a sociedade. Logo, consoante Tolentino et al. (2002), essas mudanças também passaram a demandar maior capacidade de monitoramento do governo federal e do Poder Legislativo (tribunais de contas) para verificar o cumprimento das normas.

Entretanto, o conjunto de relatórios fiscais exigidos pela LRF, embora com informações relevantes, não possui a transparência ou a clareza necessária, devido a uma pesada terminologia técnica, que grande parte da sociedade não entende. Tal fato compromete o princípio da transparência no setor público, pois publicidade da informação pública não é sinônimo de transparência. Para que isso se materialize, é necessário que as informações disponibilizadas expressem a realidade dos fatos, de modo a não apresentarem viés ou parecerem enganosas. (ISHIKURA et al. 2010). Nesse sentido, Grau (2005, p. 49) revela que: "A autêntica transparência não se limita a permitir acesso a certos dados maquiados e dissimulados 'desde dentro', mas sim à possibilidade de todo cidadão obter e interpretar a informação completa, relevante, oportuna, pertinente e confiável, sobre a gestão de recursos".

Destarte, a transparência para Kim et al. (2005) significa que a informação deve ser completa (expressar com fidedignidade os atos e fatos da gestão), de fácil entendimento, acessível a todos que serão afetados pelas decisões delas decorrentes, e garantir uma comparabilidade com períodos anteriores, possibilitando estudos de caráter evolutivo acerca da atuação dos gestores.

Deve ainda, atentar para os diversos meios em que é possível promover a "ampla divulgação" da gestão pública.

Todavia, a transparência da gestão pública ainda se encontra em um estágio incipiente, em decorrência da divulgação das informações públicas ocorrerem em um ambiente político marcado por ideologias e interesses diversos (MATIAS-PEREIRA, 2006). Mas, gradativamente, imprime-se uma redefinição do papel do Estado projetado para assegurar maior "*accountability*", e consequente, redução da assimetria informacional, na medida em que os entes públicos divulguem, não somente, informações compulsórias conforme estabelecidas na legislação, mas também voluntárias mais relacionadas aos esforços destes em se legitimar perante a sociedade como bons gerenciadores dos recursos públicos.

Relatórios de gestão no setor público

A divulgação da informação pública atende aos quesitos de responsabilização e utilidade para decisão. Esta última plenamente identificável no setor privado, no público, ainda é, relativamente, recente, e, portanto, a divulgação da informação está mais associada à responsabilização (*accountability*).

Os relatórios de gestão anuais são os principais mecanismos utilizados pelos entes governamentais para concretizar a responsabilização pública em relação aos usuários que inclui o legislativo e a sociedade (RYAN; DUSTAN; BROWN, 2000; STECCOLINI, 2002; HERATAWAY; HOQUE, 2007; WEI; DAVEY; COY, 2008; TOOLEY; HOOKS; BASNAN et al., 2010).

Adicionalmente, os relatórios de gestão anuais também representam o cumprimento do dever de prestar contas, previsto na Constituição Federal, e abrangem toda a Administração Pública Federal, tanto direta quanto indireta.

Deste modo, os relatórios de gestão anuais são legalmente reconhecidos como a base primária do ciclo de responsabilização pública, que se inicia no processo orçamentário e termina na prestação de contas ao legislativo.

Coy, Fischer e Gordon (2001, p.14, tradução nossa) afirmam:

O valor dos relatórios anuais consiste na disponibilização em um único documento de um amplo leque de informações resumidas e relevantes, que possibilitam aos usuários conhecer os objetivos e o desempenho da entidade, em termos financeiros e não financeiros. Nenhuma outra fonte de informação está disponível ao usuário numa base rotineira.

Não obstante, alguns estudiosos criticam a validade dos relatórios anuais como instrumentos de responsabilização pública na medida em que a demanda por informação do setor público é baixa, o número de usuários é limitado, os relatórios não contam com todas as informações relevantes, as informações são apresentadas de forma complexa, não estão igualmente disponíveis para todos os potenciais usuários e há dificuldade em atender a todas as demandas dos potenciais usuários. (STECCOLINI, 2002; HERATAWAY; HOQUE, 2007).

Logo, o gestor público deve, na elaboração dos relatórios de gestão anuais, balancear os interesses dos diferentes grupos.

Notadamente, a divulgação da informação pública deve ser confiável e relevante para o processo de prestação de contas (*accountability*), ou seja, simples, com linguagem acessível e orientada para o entendimento pelo usuário.

A figura a seguir apresenta os elementos necessários à transparência nos relatórios de gestão anuais:

ELEMENTOS DA TRANSPARÊNCIA DOS RELATÓRIOS DE GESTÃO
(Adaptado de PLATT NETO ET AL., 2007).

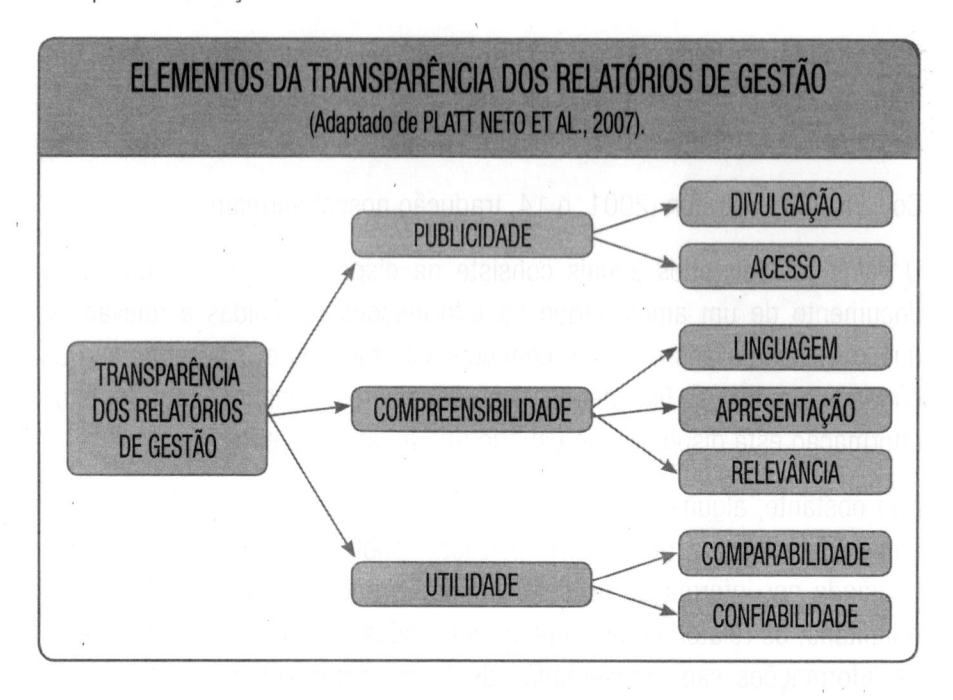

```
                          ┌─> DIVULGAÇÃO
              PUBLICIDADE ┤
                          └─> ACESSO

                                     ┌─> LINGUAGEM
TRANSPARÊNCIA                        │
DOS RELATÓRIOS ──> COMPREENSIBILIDADE ┼─> APRESENTAÇÃO
DE GESTÃO                            │
                                     └─> RELEVÂNCIA

                          ┌─> COMPARABILIDADE
              UTILIDADE   ┤
                          └─> CONFIABILIDADE
```

O Instituto Brasileiro de Governança Corporativa (2010, p. 19) postula que as organizações que seguem as boas práticas de divulgação devem adotar como princípios básicos:

- a transparência "obrigação de informar",

- a equidade "tratamento justo dos *stakeholders*", *accountability*, ou seja, "prestação de contas dos atos",

- e a responsabilidade corporativa que sudsidia a "sustentabilidade das organizações".

Na figura a seguir, estão representadas as funções e os componentes do "sistema" brasileiro de prestação de contas / transparência da gestão pública federal.

Cada função exercida por um dado gestor público se dá (e requer prestação de contas) numa instância. Há um fluxo a seguir adiante.

E, a cada passo, um órgão (CGU – Controladoria Geral da União, TCU – Tribunal de Contas da União) tem a responsabilidade de aprovar, ou não, as contas apresentadas pela instância anterior.

Tal cadeia de responsabilidades termina no seio da sociedade – que é quem financia toda esta gestão (e todo o seu controle idem), pagando seus impostos, tributos e taxas.

No Brasil ainda há baixo nível de conscientização da cidadania quanto ao fato dela ser, de fato, a "última instância", ou seja, aquela que teria poder real de veto – o que deveria –, mas nem sempre se expressa no voto.

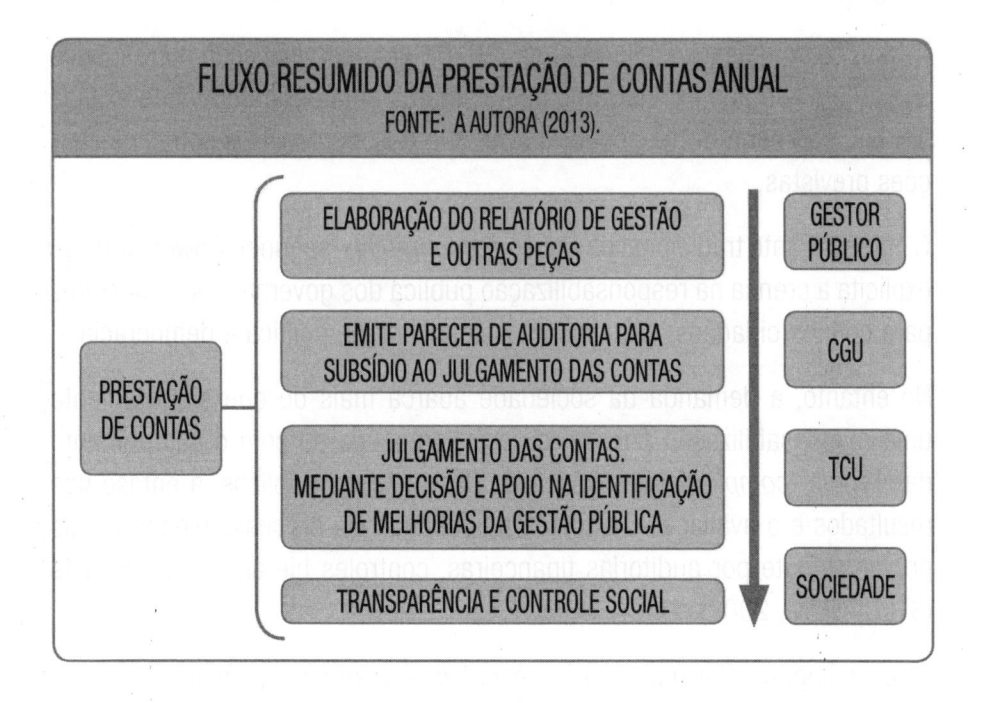

FLUXO RESUMIDO DA PRESTAÇÃO DE CONTAS ANUAL
FONTE: A AUTORA (2013).

PRESTAÇÃO DE CONTAS:
- ELABORAÇÃO DO RELATÓRIO DE GESTÃO E OUTRAS PEÇAS — GESTOR PÚBLICO
- EMITE PARECER DE AUDITORIA PARA SUBSÍDIO AO JULGAMENTO DAS CONTAS — CGU
- JULGAMENTO DAS CONTAS, MEDIANTE DECISÃO E APOIO NA IDENTIFICAÇÃO DE MELHORIAS DA GESTÃO PÚBLICA — TCU
- TRANSPARÊNCIA E CONTROLE SOCIAL — SOCIEDADE

Paradigma de *public accountability*

O IBGC (2010, 19) traduz *accountability* como uma obrigação em que "os agentes da governança devem prestar contas de sua atuação, assumindo integralmente as consequências de seus atos e omissões".

Também o International Federation of Accountants (IFAC,) em seu estudo Nº. 13, definiu princípios concernentes à governança pública com o objetivo de auxiliar os órgãos de gestão.

Tais princípios são aplicáveis às entidades governamentais nos diferentes níveis, que conceituam *accountability* como "a obrigação de responder por uma responsabilidade conferida, pressupondo a existência de pelo menos duas partes: uma que atribui à responsabilidade e uma que a aceita, com a obrigação de informar, de que modo, está sendo executada".

Assim, como destaca Ishikura et al. (2010), *accountability* não corresponde somente à vontade exclusiva do gestor, mas a uma obrigatoriedade exigida em Lei, sob pena de responder-se por sua desobediência e sofrer as sanções previstas.

O entendimento tradicional de *public accountability*, segundo Dowdle (2006), explicita a crença na responsabilização pública dos governantes ou gestores para com os cidadãos, associada aos conceitos de política e democracia.

No entanto, a demanda da sociedade abarca mais do que simplesmente uma responsabilização política, ou seja, preocupa-se com o cumprimento das regras (*compliance*) na aplicação dos recursos públicos, a ênfase nos resultados e a avaliação do gestor, não apenas via processo eleitoral, mas principalmente por auditorias financeiras, controles hierárquicos e sociais (STECCOLINI, 2002).

Adicionalmente, Bovens (2007), vê *public accountability* como a responsabilização do gestor pela aplicação dos recursos públicos (escolhas) e pelo dever de prestar informação sobre o desempenho da gestão perante o usuário.

Essa ampliação do conceito original, para além da avaliação da conduta governamental via processo eleitoral, é resultado de uma gradual introdução, na esfera pública, de aspectos gerenciais, principalmente, baseado em resultados das organizações privadas.

E, consoante Steffeck (2010), um bom indicador dessa mudança conceitual na *public accountability* é a entrada da figura dos usuários (fornecedores, servidores públicos, cidadão), isto é, a parte interessada na informação pública.

Uma definição generalista de usuário, no cenário público, é todo aquele que tem um "razoável direito" de conhecer a informação relativa às entidades governamentais, ou seja, inclui todos os grupos ou indivíduos que podem afetar ou são afetados pelas atividades da organização pública (TOOLEY; HOOKS; BASNAN, 2010).

Tal escopo mais amplo é indicado na linha de pensamento de Pacheco (1998, p. 7) ao asseverar que "*new public management* considera que o processo de *accountability* passa a ser implementado pelos usuários das políticas públicas (e não mais genericamente pelos eleitores, como no paradigma clássico), apostando num permanente processo de *checks and balances* entre eles".

Com vistas a mediar o problema da assimetria informacional na relação cidadão e gestor público, Albuquerque et al. (2007) cita a *accountability*, conjuntamente com a transparência, clareza e tempestividade da informação, como uma forma de aproximação entre principal e agente.

A figura a seguir demonstra o ciclo de *accountability*:

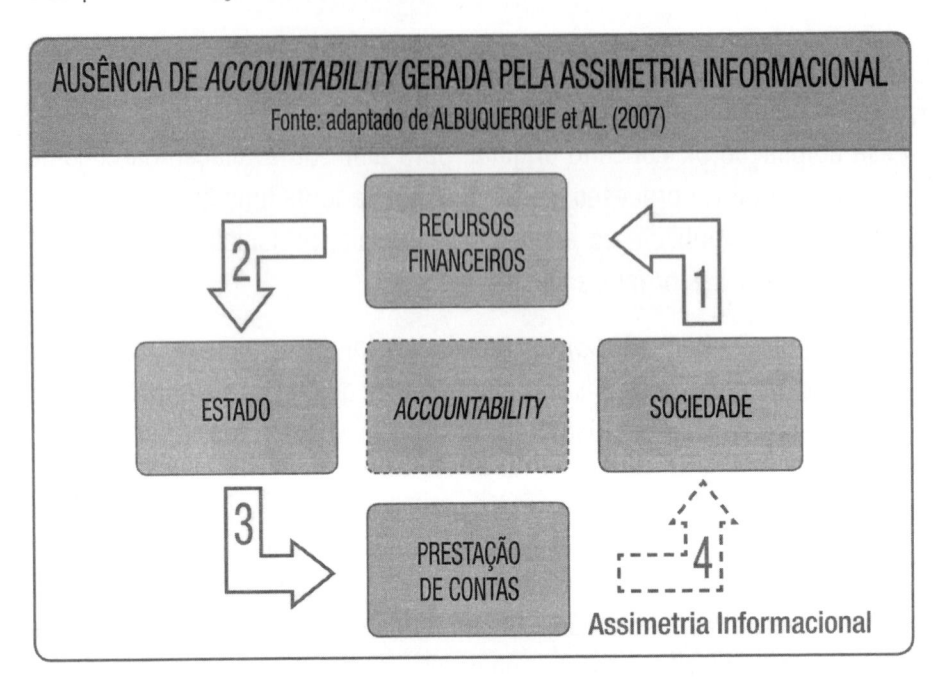

AUSÊNCIA DE *ACCOUNTABILITY* GERADA PELA ASSIMETRIA INFORMACIONAL
Fonte: adaptado de ALBUQUERQUE et AL. (2007)

```
         RECURSOS
    2↓   FINANCEIROS   ⇐1

  ESTADO   ACCOUNTABILITY   SOCIEDADE

    3→   PRESTAÇÃO       4↑
         DE CONTAS
                       Assimetria Informacional
```

O governo tem a função de gerir os recursos financeiros pagos, sob a forma de tributos, pelos cidadãos (fase 1) para a manutenção da máquina estatal e a geração de bem-estar social, mediante a prestação de serviços públicos (fase 2) e, posteriormente, apresentar a prestação de contas de sua regular gestão (fase 3).

No entanto, se a referida prestação de contas não se faz de forma clara, transparente e completa, cria-se uma assimetria informacional resultando num distanciamento na relação entre Estado e sociedade (fase 4).

Tal situação pode ser resolvida pela presença de *accountability* dos agentes (gestores públicos), resultando numa aproximação entre Estado e sociedade, eliminando e/ou minimizando a lacuna informacional (ALBUQUERQUE et al. 2007).

REFERÊNCIAS DESTE APÊNDICE

COY, D.; FISHER, M.; GORDON, T. Public Accountability: a new paradigm for college and university annual reports. Critical Perspectives on Accounting, [Toronto], v. 12, p. 1-31, 2001. Disponível em: <http://www.sciencedirect.com/science/article/pii/S1045235400904167>. Acesso em: 3 set. 2012.

GRAU, N. C. A democratização da administração pública: os mitos a serem vencidos. In: CADERNOS DA FUNDAÇÃO LUÍS EDUARDO MAGALHÃES, nº 8 – Gestão pública e participação. Salvador: FLEM, 2005.

INSTITUTO BRASILEIRO DE GOVERNANÇA CORPORATIVA -IBGC. Código das Melhores Práticas de Governança Corporativa. 5.ed. São Paulo, 2010. Disponível em: <http://www.ibgc.org.br/CodigoMelhoresPraticas.aspx>. Acesso em: 15 mar. 2012.

KIM, P. S.; HALLIGAN, J.; CHO, N.; OH, C. H.; EIKENBERRY, A. M. Toward participatory and transparent governance: report on the Sixth Global Forum on Reinventing Government. Public Administration Review, Chigaco, v. 65, n. 6, 2005. Disponível em: <http://unpan1.un.org/intradoc/groups/public/documents/un/unpan026997.pdf>. Acesso em 7 mar. 2012.

PLATT NETO, O. A.; CRUZ, F.; ENSSLIN, S.R.; ENSSLIN, L. Publicidade e transparência das contas públicas: obrigatoriedade e abrangência desses princípios na administração pública brasileira. Contabilidade Vista & Revista, Belo Horizonte, v. 18, n.1, p. 75-94, jan/mar. 2007. Disponível em: <http://web.face.ufmg.br/face/revista/index.php/contabilidadevistaerevista/article/view/320>. Acesso em: 30 jul. 2012.

RYAN, C. M.; STANLEY, T. A.; NELSON, M. Accountability Disclosure by Queensland Local Government Councils: 1997-1999. Financial Accountability and Management, v. 18, n. 3, p. 261-289, 2002.

SACRAMENTO, A. R. S.; PINHO, J. A. G. Transparência na Administração Pública: o que mudou depois da Lei de Responsabilidade Fiscal? Um estudo exploratório em seis municípios da região metropolitana de Salvador. Revista de Contabilidade da UFBA, Salvador, v. 1, p. 48-61, 2007.

STECCOLINI, I. Local Government Annual Report: An Accountability Medium? In: WORKING PAPER SERIES, 81., 2002, SDA Bocconi, 2002. Disponível em: <http://papers.ssrn.com/sol3/papers.cfm?abstract_id=376204>. Acesso em 14 jan. 2012.

TOLENTINO et al. Lei de responsabilidade fiscal: dificuldades e benefícios da implementação e operacionalização na microregião de Bocaiúva. Unimontes Científica, Montes Claros, v.3, n. 3, p. 38-55, jun 2002.

APÊNDICE 10

A criação do Observatório da Comunicação Institucional, nova perspectiva para as relações públicas

A ideia de um Observatório da Comunicação Institucional surgiu no âmbito das discussões teóricas e metodológicas desenvolvidas durante a gestão 2010-2012 do Conrerp1 (Conselho Regional de Profissionais de Relações Públicas/1a. Região), regional do Sistema Conferp no estado do Rio de Janeiro.

Terminada a gestão, alguns profissionais ex-conselheiros passaram a formular a proposta de uma sociedade educativa dedicada ao segmento de profissionais da comunicação.

Em 01/02/2013 entra "no ar" o blog **Observatório da Comunicação Institucional**, plataforma para o futuro Portal e principal instrumento de visibilidade da iniciativa em sua fase pré-operacional.

Em 26/09/2013 – Dia Interamericano de Relações Públicas – entra "no ar" o Portal OCI (www.observatoriodacomunicacao.com.br).

O Observatório da Comunicação Institucional (OCI) é mantido por uma sociedade educativa sem fins econômicos que reúne acadêmicos, profissionais, estudiosos e demais interessados nesta especialidade da comunicação.

O OCI é um espaço destinado à análise, reflexão e crítica sobre a conduta das organizações em suas relações públicas – discurso, atitude e comportamento.

Para tanto, o Observatório da Comunicação Institucional tem produção própria, e a partir de colaborações, de **notas** sobre textos publicados, **análises** de casos, **pareceres**, **clipping** e **agenda** relacionada à comunicação de organizações públicas, privadas ou do terceiro setor.

Objetivos

Os objetivos do OCI são:

⇒ debater casos de comunicação institucional;

⇒ disseminar o conhecimento sobre relações públicas e demais especialidades da comunicação;

⇒ analisar criticamente as ações, atitudes e comportamentos das organizações; e

⇒ acompanhar notícias e tendências do campo.

Visão

Tornar-se referência em pesquisa, análise e propagação do conhecimento sobre comunicação institucional e relações públicas no âmbito da comunicação organizacional no Brasil e demais países de língua portuguesa.

Missão

Promover o estudo, a reflexão e a difusão de informações acerca da comunicação institucional com o objetivo de mudar a percepção sobre relações públicas no país.

Valores

⇨ Ética

⇨ Governança Corporativa

⇨ Responsabilidade Socioambiental

⇨ Sustentabilidade

⇨ Transparência

Serviços Especiais

O OCI prestará dois serviços especiais: uma metodologia de avaliação quantitativa da comunicação – AFC –, e o índice de transparência OCI.

Frutos do trabalho do pesquisador e um dos fundadores do OCI, Manoel Marcondes Machado Neto, diretor-presidente da entidade, a AFC – "Auditoria do Fluxo da Comunicação"© e o "índice de transparência OCI"© são tecnologias proprietárias desenvolvidas sob a demanda de organizações e agências de comunicação do eixo Rio-São Paulo-Minas Gerais, em que dados foram coletados sistematicamente nos últimos sete anos – em instituições como a UERJ, onde é professor associado da Faculdade de Administração e Finanças, na graduação, na especialização e no Mestrado em Ciências Contábeis; UFJF, onde colaborou como professor-convidado do MBA em Comunicação Empresarial; e, mais recentemente, o próprio OCI, em sua representação paulista. O também professor e fundador do OCI, Marcelo Luiz Ficher, diretor-executivo da entidade, contribuiu com dados levantados em Macaé, ao longo de dois anos junto à agência experimental da Faculdade Salesiana Maria Auxiliadora (FSMA).

Fundamentado nas 4 instâncias, 8 estratégias e 16 técnicas do "mix" das Relações Públicas Plenas, ou composto dos "4 Rs"; a saber, "Reconhecimento", "Relacionamento", "Relevância" e "Reputação", lançado em *website* de 2012, a metodologia de avaliação será aplicada como um "job" de auditoria e consultoria.

PRODUTOS FINAIS

Ao final de cada "job" – AFC – até três documentos serão entregues ao cliente cujo fluxo de comunicação tenha sido auditado:

1 – Um certificado constando do "Index-Transparência-OCI": um índice quantitativo ponderado com escala de 0 a 100 pontos inteiros;

2 – Um "parecer de auditoria do fluxo da comunicação", à semelhança daqueles emitidos para a área contábil-financeira, o qual poderá ser um parecer "limpo" ou "com exceção";

3 – Nos casos de parecer "com exceção", um relatório com sugestões para melhoria da comunicação institucional, em aderência às melhores práticas que a legislação, a doutrina e a jurisprudência da área de Relações Públicas prescrevem.

Fonte: www.observatoriodacomunicacao.com.br.
Acessado em 21/05/2014).

Posfácio

Fruto de mais de 30 anos de experiência obtida como consultor empresarial e professor, o modelo dos 4 Rs proposto por Manoel Marcondes Machado Neto representa um sopro de renovação teórica no campo das Relações Públicas.

Seu desdobramento dos 4 Rs em 8 estratégias e nas 16 táticas relacionadas a demandas reais do mercado é certeiro, assim como a forma mnemônica direta, concisa e prática. Resumindo: o conhecimento condensado neste livro, associado a website e vídeos, é um curso completo de Relações Públicas. E, como aprendemos com o autor, de "Relações Públicas Plenas".

Com vocação para propagar-se como um viral tanto nos círculos universitários – carentes de esquemas interpretativos dos fenômenos comunicacionais contemporâneos – quanto no mundo das organizações, independente do porte, em todos os segmentos, as relações públicas, finalmente, passam a contar com um eficaz instrumento conceitual para orientar a complexa tarefa de estabelecer relacionamentos sólidos e produtivos entre as organizações e seus diferentes públicos.

O autor não situa seu trabalho no conjunto das pretensiosas iniciativas academicistas que ambicionam quebrar paradigmas organizacionais, mas que, quase sempre, nada mais são que apropriações mal retocadas de conceitos que há muito povoam nossas bibliotecas.

O modelo dos 4 Rs para entender as Relações Públicas Plenas revela sua originalidade na forma clara de apresentação, por sua veia didática e no resumo abrangente com que articula as mais variadas e recentes contribuições teóricas e práticas do campo.

O ineditismo da proposta de Manoel Marcondes Marcondes Neto manifesta-se no esforço bem-sucedido de sistematizar tais contribuições, integrando-as num corpo coeso de conhecimentos plenamente aplicáveis por aqueles que almejam atingir níveis de excelência nas tarefas de planejamento e execução de planos, programas e projetos de comunicação organizacional.

Renato Möller
Relações-públicas pelo IPCS/UERJ,
mestre em Administração Pública pela EBAPE/FGV
e doutor em Psicologia Social pela UERJ.
Consultor especializado em pesquisa de opinião.
Secretário-geral do Conrerp1 (2013-2015).

Referências

AAKER, David. Marcas. São Paulo: Harbra, 1998.

ARANHA, Lala. O Coaching e as Relações Públicas. <www.aberje.com.br>. Acessado em 13/02/2012.

BUENO, Wilson. Verbete do website Comunicação Empresarial. <http://www.comunicacaoempresarial.com.br/comunicacao empresarial/conceitos/comunicacaointegrada.php>. Acessado em 20/11/2012.

CANFIELD, Bertrand. Relações públicas: princípios, casos e problemas. São Paulo: Pioneira, 1970.

DRUCKER, Peter. Administração de organizações sem fins lucrativos. São Paulo: Pioneira, 1995.

DUARTE, Lúcia Maria. Contribuição para o estudo de públicos de Relações Públicas. LOGOS, Rio de Janeiro, Universidade do Estado do Rio de Janeiro, v. 9, p. 20-21, 1998.

Enciclopédia INTERCOM de Comunicação. Sociedade Brasileira de Estudos Interdisciplinares da Comunicação. vol. 1 - Conceitos. CD-ROM, 2010.

FICHER, Marcelo Luiz. Relações públicas, educação e mundo do trabalho: reflexões teóricas e perspectivas de atuação. Dissertação de mestrado aprovada pela Faculdade de Educação da Universidade Federal Fluminense. Rio de Janeiro, 2006.

GIANGRANDE, Vera. Pronunciamento na cerimônia de entrega do "Prêmio Personalidade da Comunicação", 3º Congresso Brasileiro de Jornalismo Empresarial, Assessoria de Imprensa e Relações Públicas (6 e 7/04/2000). <http://www.portal -rp.com.br/bibliotecavirtual/cidadania/0132.htm>. Acessado em 20/11/2012.

GERTEINY, Gilbert Gilles. Os 4 P ou Push/Pull: a escolha entre dois paradigmas, uma discussão teórica. Dissertação de mestrado aprovada pelo PPG em Administração e Desenvolvimento Empresarial da Universidade Estácio de Sá. Rio de Janeiro, 2005.

GONÇALVES, Luiz Estevam Lopes. Marketing social: a ótica, a ética e sua contribuição para o desenvolvimento da sociedade brasileira. Rio de Janeiro: EBAPE/FGV, 1991.

GRUNIG, J. & HUNT, Todd. Managing public relations. Orlando (USA): HRW, 1984, p. 22.

KOTLER, Philip. Marketing de A a Z: 80 conceitos que todo profissional precisa saber. Rio de Janeiro: Campus, 2003.

KOTLER, Philip & ARMSTRONG, Gary. Introdução ao marketing. Tradução: Roberto Meireles Pinheiro. 4ª edição. Rio de Janeiro: LTC, 2000.

KUNSCH, Margarida M. Krohling. Planejamento de relações públicas na comunicação integrada. 3ª edição. São Paulo: Summus, 2003.

_____. Relações Públicas e Modernidade: novos paradigmas na comunicação organizacional. São Paulo: Summus, 1997.

LAWSON, Russell. The PR buzzfactor. London: Kogan Page, 2006.

LESLY, Philip. Os fundamentos de relações públicas e da comunicação. São Paulo: Pioneira, 1995.

LITTLEJOHN, Stephen. Fundamentos científicos da comunicação humana. Rio de Janeiro: Zahar, 1982.

MACHADO NETO, Manoel Marcondes. Marketing cultural: características, modalidades e seu uso como política de comunicação institucional. Tese de doutorado aprovada pela Escola de Comunicações e Artes da Universidade de São Paulo, 2000.

_____. Relações públicas e marketing: convergências entre comunicação e administração. 2ª edição. Rio de Janeiro: Conceito Editorial, 2008.

MADIA DE SOUZA, Francisco Alberto. Introdução ao marketing de sexta geração: datamarketing behavior. São Paulo: Makron Books.

McCARTHY, Jerome. Marketing básico. São Paulo: Editora Atlas, 1976.

MCKENNA, Regis. Marketing de relacionamento: estratégias bem-sucedidas para a era do cliente. Rio de Janeiro: Campus, 1992.

MAGALHÃES, Alvaro G. L. de. Cultura organizacional e orientação para o mercado interno: um estudo para a implementação de ações de endomarketing. Dissertação de mestrado. Rio de Janeiro: Universidade Gama Filho, 2007.

MORGAN, Gareth. Imagens da organização. Tradução: Cecília Whitaker Bergamini e Roberto Coda. São Paulo: Atlas, 1996.

NEVES, Roberto de Castro. Comunicação empresarial integrada: como gerenciar: imagem, questões públicas, comunicação simbólica, crises empresariais. 2ª edição. Rio de Janeiro: Mauad, 2000.

PENTEADO FILHO, José Roberto Whitaker. Relações públicas nas empresas modernas. 5ª edição. São Paulo: Pioneira, 1993.

PINHO, J. B. Propaganda institucional: usos e funções da propaganda em Relações Públicas. 4ª edição. São Paulo: Summus, 1990.

_____. Comunicação em Marketing: princípios da comunicação mercadológica. São Paulo: Summus, 2006.

RIES, Al & RIES, Laura. A queda da propaganda e a ascensão da mídia espontânea. São Paulo: Campus, 2003.

ROSA, Mário. A era do escândalo. São Paulo: Geração Editorial, 2003.

SCOTT, David Meerman. As novas regras do marketing e de relações públicas. Rio de Janeiro: Elsevier, 2008.

SIMÕES, Roberto Porto. Relações públicas: função política. São Paulo: Summus, 1995.

_____. Informação, inteligência e utopia: contribuições à teoria de relações públicas. São Paulo: Summus, 2006.

_____. Relações Públicas ou Morte. <http://www.rp-bahia.com.br/rpemrevista/edicao16/especial.htm>. Acessado em 20/11/2012.

STIEGLER, Bernard. O desejo asfixiado. Le Monde Diplomatique Brasil. Edição de janeiro de 2010.

WEILL, Peter e ROSS, Jeanne W. Governança de T. I. Rio de Janeiro: M. Books do Brasil, 2006.

VASCONCELLOS, Manoel Maria de. Marketing básico. Rio de Janeiro, Conceito Editorial, 2006.

VIEIRA, Marcelo Milano Falcão; CARVALHO, Cristina Amélia (Orgs.). Organizações, instituições e poder no Brasil. Rio de Janeiro: FGV, 2003.

VIEIRA, Roberto Fonseca. Relações Públicas: opção pelo cidadão. Rio de Janeiro: Mauad, 2002.

Economia da Cultura
Contribuições para a Construção do Campo e Histórico da Gestão de Organizações Culturais no Brasil

Autoras: Lusia Angelete Ferreira
           Manoel Marcondes Machado Neto

416 páginas
1ª edição - 2011
Formato: 16 x 23
ISBN: 978-85-399-0053-4

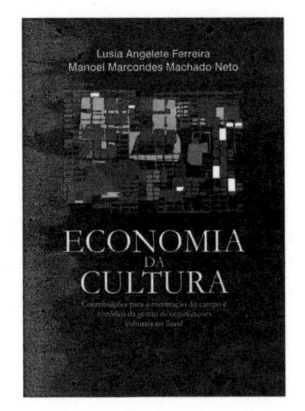

Este livro faz um percurso histórico de noventa anos de gestão da cultura no Brasil, de 1920 a 2010, e reflete a inconstância de nossa ação cultural e de nossas instituições culturais – algumas até bastante sólidas – em cinco setores: cinema, livro, museus, música e teatro.

Um levantamento minucioso foi realizado pelos autores junto a fontes como ANCINE, FGV, Fundação João Pinheiro, IBGE, MinC, Receita Federal e TCU – o que resultou em cruzamentos de informações e elaboração de tabelas a partir de dados que normalmente se encontram dispersos, dificultando a mensuração e a consequente base para a formulação de políticas de investimento, tanto públicas como particulares, ou seja, para uma Economia da Cultura.

Grupo de Pesquisa (junto ao CNPq) "Gestão e Marketing na Cultura".

À venda nas melhores livrarias.

EDITORA CIÊNCIA MODERNA

Marketing Cultural
Das Práticas à Teoria - 2a Edição
Revisada e Atualizada

Autor: Manoel Marcondes Machado Neto

336 páginas
2ª edição - 2005
Formato: 16 x 23
ISBN: 85-7393-463-8

Este livro desvela e detalha a prática empresarial consagrada pela expressão marketing cultural no Brasil, propõe uma classificação para essa prática, de acordo com o fato/locus gerador em que se dę, e demonstra que, como política de comunicação institucional, o marketing cultural é um instrumento eficaz de relações públicas.

Além de repassar a literatura que fundamenta a proposição desse novo conceito, propõe sua classificação em diferentes modalidades, lançando mão do estudo de casos (incluindo um com pesquisas de opinião) e da tomada de depoimentos de pessoas-chave nas áreas de produção cultural, administração cultural, marketing e captação de recursos em exercício no Brasil.

À venda nas melhores livrarias.

EDITORA CIÊNCIA MODERNA

Marketing não é um Bicho-de-Sete-Cabeças

Autores: Mário Mauro Barbosa Cabral
        Sérgio Simka

112 páginas
1ª edição - 2009
Formato: 14 x 21
ISBN: 978-85-7393-803-6

Apoiado em sua vivência de mais de 20 anos como professor, executivo e consultor de Marketing e Vendas, o professor Mauro Cabral nos brinda com esta obra: Marketing não é um Bicho-de-sete-cabeças. A linha mestra desta obra é a de apresentar ao leitor o fascinante mundo do Marketing, estimulando-o ao estudo aprofundado e a utilização no dia-a-dia das empresas, por meio de uma abordagem que une teoria e prática, numa linguagem simples, clara e objetiva. Ela é particularmente indicada aos alunos dos cursos de graduação e pós-graduação em Administração de Empresas, Publicidade e Propaganda, Marketing, Turismo, Empreendedorismo, entre outros, e a empresários e executivos de maneira geral.

À venda nas melhores livrarias.

EDITORA CIÊNCIA MODERNA

Impressão e Acabamento
Gráfica Editora Ciência Moderna Ltda.
Tel.: (21) 2201-6662